国家自然科学基金资助（项目号：71872081；71372030）
南京大学人文社科"双一流"建设"百层次"科研项目资助

中国证券分析师与证券公司
预测准确性评价研究
（2020）

(Earnings Forecast Accuracy Rating for Chinese Security
Analyst & Securities Firm, EFA Rating 2020)

林 树 刘 静 葛逸云 著

·南京·

图书在版编目(CIP)数据

中国证券分析师与证券公司预测准确性评价研究.2020/林树,刘静,葛逸云著.—南京:东南大学出版社,2020.9

ISBN 978-7-5641-9113-9

Ⅰ.①中… Ⅱ.①林… ②刘… ③葛… Ⅲ.①证券投资-研究 Ⅳ.①F830.91

中国版本图书馆 CIP 数据核字(2020)第 177247 号

中国证券分析师与证券公司预测准确性评价研究 2020
Zhongguo Zhengquan Fenxishi Yu Zhengquan Gongsi Yuce Zhunquexing Pingjia Yanjiu 2020

出版发行	东南大学出版社
社　　址	南京市四牌楼 2 号　　邮编　210096
出 版 人	江建中
网　　址	http://www.seupress.com
电子邮箱	press@seupress.com
经　　销	全国各地新华书店
印　　刷	江苏凤凰数码印务有限公司
开　　本	700mm×1000mm　1/16
印　　张	7.5
字　　数	200 千
版　　次	2020 年 9 月第 1 版
印　　次	2020 年 9 月第 1 次印刷
书　　号	ISBN 978-7-5641-9113-9
定　　价	60.00 元

本社图书若有印装质量问题,请直接与营销部联系。电话(传真):025-83791830

声　明

　　本书是国家自然科学基金(项目号:71872081;71372030)资助的阶段性成果。此书内容仅供学术参考与资讯用途。作者不保证本书内容的精确性及完整性,不承担读者使用本书内容导致的任何结果的责任。作者与此书的相关方对于读者使用本书所产生的任何损失或损害,不负任何责任。

摘　要

近年来，我国证券分析师队伍伴随着资本市场的发展而迅速壮大。作为重要资本市场信息中介，证券分析师凭借其较强的信息搜集能力和专业分析能力，向投资者提供专业的研究报告，对缓解资本市场信息不对称、保护投资者及促进资本市场健康发展发挥着重要的积极作用。

鉴于证券分析师在资本市场的重要作用，无论是证券分析师群体，还是投资者群体，都需要一个客观公正的证券分析师评价体系。然而国内资本市场中，对于证券分析师的评价，多年来风靡根据"买方投票"数量的形式来给各行业的证券分析师进行排序，这种评价模式具有一定合理性及综合性。但根据买方机构主观打分的方式难免受到分析师专业能力以外的其他因素影响，其客观性、公正性也因此不能得到保证。更重要的是，证券分析师最重要的预测能力在投票这一评价过程中没有得到很好的体现，"买方投票"的评价过程与结果让投资者对分析师真正的证券分析与预测能力仍然无法知晓。鉴于此，我们尝试从分析师的最重要能力——"盈利预测准确性"出发对分析师专业能力进行评价，提供一种更加透明、客观、可验证的分析师评价模式，以期对现存分析师评价体系形成一定有益补充，更为证券投资者、乃至证券市场评价分析师提供重要参考。

《中国证券分析师与证券公司预测准确性评价研究 2020》是我们将研究成果以专著的形式呈现。我们分为三年期和五年期两个时间段来对证券分析师及证券公司的盈利预测准确性表现进行分析评价。通过本书的研究结果，我们可以从宏观上看出我国证券分析师行业的发展态势，从微观上也可以看出不同证券公司研究所整体研究实力的平稳或起伏变化，对证券分析师及证券公司预测准确性表现形成更加直观的认识。

目前的评价方法虽然有其创新性，但难免有不足之处，我们非常欢迎同行的批评与建议，在后续定期的修订版本中根据实际情况进行方法上的改进。

我们感谢国家自然科学基金、南京大学人文社科"双一流"建设"百层次"科研项目的资助，感谢东南大学出版社编辑老师的辛苦工作。

目　　录

1 概述 ……………………………………………………………………… 1
  1.1 理论基础 ……………………………………………………………… 2
  1.2 数据来源与指标设计 ………………………………………………… 3
2 三年期证券分析师预测准确性评价 …………………………………… 7
  2.1 数据来源与样本说明 ………………………………………………… 7
  2.2 三年期证券分析师预测准确性评价结果 …………………………… 8
3 五年期证券分析师预测准确性评价 …………………………………… 56
  3.1 数据来源与样本说明 ………………………………………………… 56
  3.2 五年期证券分析师预测准确性评价结果 …………………………… 57
4 三年期证券公司预测准确性评价 ……………………………………… 85
  4.1 数据来源与样本说明 ………………………………………………… 85
  4.2 三年期证券公司预测准确性评价结果 ……………………………… 85
5 五年期证券公司预测准确性评价 ……………………………………… 99
  5.1 数据来源与样本说明 ………………………………………………… 99
  5.2 五年期证券公司预测准确性评价结果 ……………………………… 99
6 2020 年度中国证券分析师与证券公司预测准确性评价总结 ………… 111

1 概 述

证券分析师行业伴随着资本市场的发展而诞生。作为重要的资本市场信息中介,证券分析师凭借其较强的信息搜集能力和专业分析能力,在宏观层面分析经济发展和行业政策的同时,也对上市公司的发展运营进行深入解剖,撰写研究报告向市场参与者提供投资决策建议,成为投资者投资决策的重要参考依据。

随着我国资本市场的不断发展,证券分析师队伍也日益壮大,至 2020 年持证上岗分析师已达 3 237 人[①]。在分析师群体迅速膨胀、研究报告汗牛充栋的市场形势下,一个客观、公正的分析师评价体系对于买卖双方乃至资本市场的规范运作无疑都具有重要意义。一方面,从分析师角度而言,在分析师人数急速扩张的过程中,分析师专业素质难以得到完全保证,分析师市场为实现优胜劣汰、褒扬先进需要一个公正的分析师评价体系;另一方面,从投资者角度而言,面对海量研究报告,分析师评价体系也可以提供一定甄别依据。然而国内资本市场中,对于证券分析师的评价,多年来风靡采用根据"买方投票"数量的形式来给各行业的证券分析师进行排序,这种评价模式具有一定合理性及综合性,但根据买方机构主观打分的方式难免受到分析师专业能力以外的其他因素影响,其客观性、公正性也因此大打折扣,同时随着研究市场竞争加剧,不够公开透明的评价过程也可能滋生拉票等不正当竞争行为,严重影响评选活动的严肃性、公平性和专业性[②]。更重要的是,本是证券分析师最重要的盈利预测能力在投票这一评价过程中没有得到很好的体现,"买方投票"的评价过程与结果让投资者对分析师真正的证券分析与预测能力仍然无法知晓。

基于此,我们试图从分析师的最重要能力——"盈利预测准确性"出发对分析师专业能力进行评价,提供一种更加透明、客观、可验证的分析师评价模式,以期对

---

① 数据来源:中国证券业协会官网,统计截止时点 2020.07.01,网址:http://www.sac.net.cn/。
② 参见中国证券业协会:《中国证券业协会支持证券公司退出有关分析师评选活动》。

现存分析师评价体系形成一定有益补充,更为证券投资者、乃至证券市场评价分析师提供重要参考。

在本书中,我们分别从证券分析师个体与证券公司的层面,根据不同的统计区间,在第二章至第五章分别展现2016年至2020年期间(对应2015—2019年公司年报发布截止日)三年期与五年期的"中国证券分析师预测准确性评价"与"中国证券公司研究实力评价"结果[①],以便投资者可以从不同长度时间段的统计结果,宏观上看出我国证券分析师行业的发展态势,微观上也可以看出不同证券公司研究所研究预测实力的平稳或起伏变化。

本章将阐述中国证券分析师预测准确性评价的理论基础、数据来源及指标设计。

1.1 理论基础

每股收益(Earning Per Share,EPS)即每股税后利润,是普通股股东每持有一股所能享有的企业净利润或需承担的企业净亏损。每股收益是反映企业经营成果,衡量普通股的获利水平及投资风险的重要财务指标,也是投资者等信息使用者据以评价企业盈利能力、预测企业成长潜力、进而做出相关经济决策的关键指标之一。鉴于每股收益指标对股票估值及投资者决策的重要作用,证券分析师盈余预测的准确性不仅受到投资者和其他业界人士的普遍关注,也成为学术界探讨的热点(Ramnath et al.,2008)[②],证券分析师准确预测所跟踪股票每股收益的能力也成为其专业能力、工作价值的重要表现(吴东辉和薛祖云,2005)[③]。

基于此,我们在以每股收益预测准确性作为评价分析师预测能力的主要依据,并通过标准化的处理方法解决不同股票间的可比性问题,综合考虑分析师的平均预测表现和最佳预测表现,得到对分析师预测能力的整体评价;在通过上述方法得到分析师预测能力的标准化得分基础上,我们进一步综合考虑证券公司的整体预测能力,并在注重证券公司拥有优秀分析师数量的同时,综合考虑了证券公司体量

---

① 为规避评价短期化可能引起的对分析师行为短期化引导及浮躁风气,本书仅从中长期对分析师进行评价,而未对短期评级等进行评价。

② Ramnath S, Rock S, Shane P. 2008. The financial analyst forecasting literature: A taxonomy withSuggestions for further research[J]. International Journal of Forecasting,24(1):34-75.

③ 吴东辉,薛祖云.2005.财务分析师盈利预测的投资价值:来自深沪A股市场的证据[J].会计研究,(08):37-43+96.

等成本因素,多维度、全方位的对证券公司的预测水平及成本效益进行评价。

1.2 数据来源与指标设计

1.2.1 数据来源与样本选择

本书基础数据全部来源于 CSMAR 数据库(深圳国泰安教育技术有限公司)①,涉及指标包括分析师姓名、分析师编码②、所属证券公司名称、预测公司证券代码、证券简称、预测终止日、预测每股收益及实际每股收益。

在对分析师预测准确性进行评价时,对分析师初始研究报告及预测数据按照如下原则进行剔除:(1)剔除针对非 A 股上市公司的研究报告;(2)剔除未对公司每股收益进行预测的研究报告;(3)分析师同一预测期间内进行多次每股收益预测时,保留该预测期间内最后一次每股收益预测(如某分析师在 2019.05.01—2020.04.30 期间内对跟踪的某公司 2019 年每股收益进行分别在 2019.05.30、2019.09.11 及 2020.01.20 进行了预测,仅保留 2020.01.20 发布报告中的每股收益预测);(4)同一研究报告中对未来多期每股收益进行预测时,保留最近一期每股收益预测(如某分析师在 2019.10.11 公布的研究报告中对 2019 年度、2020 年度及 2021 年度的每股收益均进行了预测,则仅保留针对 2019 年度的每股收益预测)。

关于行业分类,我们主要以中证指数有限公司公布的上市公司行业分类为准③,并在中证行业划分的二级行业基础上进行一定调整。此外,对评价期内因中证行业微调导致的差异以最新一期,即中证指数公司官方网站 2020 年 06 月 01 日发布的《中证指数公司更新中证行业分类结果》为准。

在中证二级行业分类基础上调整后的行业分类如下:

主要消费类:

(1) 主要消费—食品、饮料与烟草(除农牧渔产品)

包括中证对应行业④:主要消费—食品、饮料与烟草—包装食品与肉类;主要

---

① CSMAR 数据库(China Stock Market & Accounting Research Database)是深圳希施玛数据科技有限公司从学术研究需求出发,借鉴 CRSP、COMPUSTAT、TAQ、THOMSON 等权威数据库专业标准,并结合中国实际国情开发的经济金融领域的研究型精准数据库。经过 20 年的不断积累和完善,CSMAR 数据库已涵盖因子研究、人物特征、绿色经济、股票、公司、海外、资讯、基金、债券、行业、经济、商品期货等 18 大系列,包含 150 多个数据库、4 000 多张表、4 万多个字段。(上述介绍来自国泰安数据库"产品简介")

② CSMAR 内部编码,具有唯一性。

③ 具体行业分类原则参见中证指数有限公司官网(http://www.csindex.com.cn/)《关于行业分类的说明》。

④ 对应中证行业格式为:"一级行业—二级行业"及"一级行业—二级行业—三级行业",下同。

消费—食品、饮料与烟草—饮料。

（2）主要消费—农牧渔产品

包括中证对应行业：主要消费—食品、饮料与烟草—农牧渔产品。

信息技术类：

（3）信息技术—信息技术（含半导体、计算机及电子设备、计算机运用）

包括中证对应行业：信息技术—半导体；信息技术—计算机及电子设备；信息技术—计算机运用。

公用事业类：

（4）公用事业—公用事业

包括中证对应行业：公用事业—公用事业。

医药卫生类：

（5）医药卫生—医药卫生（含医疗器械与服务、医药生物）

包括中证对应行业：医药卫生—医疗器械与服务；医药卫生—医药生物。

原材料类：

（6）原材料—原材料1（含化学制品、化学原料）

包括中证对应行业：原材料—原材料—化学制品；原材料—原材料—化学原料。

（7）原材料—原材料2（含建筑材料、有色金属、钢铁、非金属采矿及制品）

包括中证对应行业：原材料—原材料—建筑材料；原材料—原材料—有色金属；原材料—原材料—钢铁；原材料—原材料—非金属采矿及制品。

（8）原材料—轻工（含家庭与个人用品、容器与包装、纸类与林业产品）

包括中证对应行业：主要消费—家庭与个人用品；原材料—原材料—容器与包装；原材料—原材料—纸类与林业产品。

可选消费类：

（9）可选消费—传媒

包括中证对应行业：可选消费—传媒。

（10）可选消费—汽车与汽车零部件

包括中证对应行业：可选消费—汽车与汽车零部件。

（11）可选消费—消费者服务、耐用消费品与服装

包括中证对应行业：可选消费—消费者服务；可选消费—耐用消费品与服装。

（12）可选消费—零售业

包括中证对应行业：主要消费—食品与主要品零售；可选消费—零售业。

工业类：

（13）工业—交通运输

包括中证对应行业:工业—交通运输。

(14) 工业—商业服务与用品

包括中证对应行业:工业—商业服务与用品。

(15) 工业—资本品 1(含工业集团企业、建筑与工程、建筑产品)

包括中证对应行业:工业—资本品—工业集团企业;工业—资本品—建筑与工程;工业—资本品—建筑产品。

(16) 工业—资本品 2(机械制造)

包括中证对应行业:工业—资本品—机械制造。

(17) 工业—资本品 3(环保设备、工程与服务)

包括中证对应行业:工业—资本品—环保设备、工程与服务。

(18) 工业—资本品 4(电气设备)

包括中证对应行业:工业—资本品—电气设备。

(19) 工业—资本品 5(航空航天与国防)

包括中证对应行业:工业—资本品—航空航天与国防。

(20) 工业—资本品 6(贸易公司与经销商)[①]

包括中证对应行业:工业—资本品—贸易公司与经销商。

电信业务类:

(21) 电信业务—电信业务(含电信服务与通信设备)

包括中证对应行业:电信业务—电信服务;电信业务—通信设备。

能源类:

(22) 能源—能源

包括中证对应行业:能源—能源。

金融地产类:

(23) 金融地产—银行

包括中证对应行业:金融地产—银行。

(24) 金融地产—非银金融(含保险、资本市场、其他金融)

包括中证对应行业:金融地产—保险;金融地产—资本市场;金融地产—其他金融。

(25) 金融地产—房地产

包括中证对应行业:金融地产—房地产。

---

① 旧版分类,适用期间为 2015 年度。

1.2.2 指标设计思路

(1) 分析师层面

在对分析师预测能力进行评价时,首先在单只股票维度计算出分析师每次预测准确度的相对排名并进行标准化。具体做法是:首先,计算每股收益预测值与每股收益真实值之差并取绝对值,得到单次预测与真实值的偏离程度;其次,对跟踪同一只股票的所有预测偏离程度由低到高进行排序,在预测偏离程度相同时,发布时间早的优先,若同日发布,跟踪公司数量多的分析分析师优先,若仍相同,则按分析师姓氏进行排序;最后,对相对排名进行标准化处理得出每次预测准确性的标准分。

为全面考察证券分析师研究报告的"质"与"量",在从股票维度得到分析师每次预测的标准分后,我们分别从平均表现和最佳表现两个维度对分析师预测准确性进行评价。在从平均表现维度对分析师表现进行评价时,对分析师在某行业内跟踪的全部公司的预测标准分求平均作为分析师平均表现打分,如分析师跟踪公司横跨不同行业,则对其在不同行业内的预测准确性表现分别评价;

在从最佳表现维度对分析师表现进行评价时,以分析师在某行业内跟踪的全部公司中的最优预测标准分作为分析师最佳表现打分,如分析师跟踪公司横跨不同行业,则对其在不同行业内的准确性表现分别评价。

(2) 证券公司层面

在证券公司层面,从证券公司全部分析师预测准确度表现均值角度及拥有明星分析师席位角度两个维度对证券公司预测能力进行评价。具体做法是:从证券公司全部分析师表现维度对证券公司预测能力进行评价时,对证券公司年度内全部活动分析师[①]表现求均值作为证券公司表现的衡量,需要说明的是,因对分析师评价具有平均和最佳两个维度,在对证券公司预测表现进行评价时,也相对应的分别从分析师平均标准分、分析师最佳标准分进行计算。

从证券公司拥有明星分析师席位角度对证券公司预测能力进行评价时,以各行业内表现最佳的前五名分析师为明星分析师,以各证券公司拥有明星分析师席位对证券公司的预测能力进行评价,同时考虑到证券公司为产生明星分析师所付出的"成本"不同,我们也同时列示了证券公司对应期间的活动分析师总量及发布研究报告总量,以助于更加全面深入的了解证券公司的预测实力及成本效益。

---

① 活动分析师指在相应期间内进行过针对 A 股上市公司的每股收益预测的分析师,即以 CSMAR 数据库为基准,根据 1.2.1 节所介绍的原则进行筛选后,本书所覆盖的分析师,下同。

2 三年期证券分析师预测准确性评价

2.1 数据来源与样本说明

三年期证券分析师预测准确性评价的数据期间为 2017 年 5 月 1 日至 2020 年 4 月 30 日。所有分析师预测数据来源于 CSMAR 数据库,涉及指标包括分析师姓名、分析师编码、所属证券公司名称、预测公司证券代码、证券简称、预测终止日、预测每股收益及实际每股收益。

在对三年期证券分析师预测准确性进行评价时,我们对分析师初始研究报告及预测数据按照如下原则进行剔除:(1)剔除针对非 A 股上市公司的研究报告;(2)剔除未对公司每股收益进行预测的研究报告;(3)分析师同一预测期间内进行多次每股收益预测时,保留该预测期间内最后一次每股收益预测;(4)同一研究报告中对未来多期每股收益进行预测时,保留最近一期每股收益预测。此外,在三年期证券分析师预测准确性评价中,我们仅对连续在行业内执业满三年的分析师进行了排名。

经上述筛选后,我们最终得到参与三年期证券分析师准确性评价的分析师共 1 179 名。其中,主要消费—食品、饮料与烟草(除农牧渔产品)行业 70 名、主要消费—农牧渔产品行业 55 名、信息技术—信息技术(含半导体、计算机及电子设备、计算机运用)行业 310 名、公用事业—公用事业行业 42 名、医药卫生—医药卫生(含医疗器械与服务、医药生物)行业 140 名、原材料—原材料 1(含化学制品、化学原料)行业 153 名、原材料—原材料 2(含建筑材料、有色金属、钢铁、非金属采矿及制品)行业 119 名、原材料—轻工(含家庭与个人用品、容器与包装、纸类与林业产品)行业 73 名、可选消费—传媒行业 58 名、可选消费—汽车与汽车零部件行业 85 名、可选消费—消费者服务、耐用消费品与服装行业 190 名、可选消费—零售业行业 48 名、工业—交通运输行业 38 名、工业—商业服务与用品行业 96 名、工业—资本品 1(含工业集团企业、建筑与工程、建筑产品)行业 61 名、工业—资本品 2(机械制造)行业 150 名、工业—资本品 3(环保设备、工程与服务)行业 56 名、工业—资本品4(电气设备)行业111名、工业—资本品5(航空航天与国防)行业46名、电信业务—电信业务(含电信服务与通信设备)行业65名、能源—能源行业65名、金融地产—银行行业31名、金融地产—非银金融(含保险、资本市场、其他金融)行业44名、金融地产—房地产行业37名①。

2.2 三年期证券分析师预测准确性评价结果

我们按照第一章介绍的计算方法,首先计算出各行业内每位分析师各年度每股收益预测的平均表现得分及最佳表现得分,在此基础上对分析师在行业内三年表现(平均表现和最佳表现两个维度)得分求平均,按照三年平均标准分由低到高进行排序②,若标准分相同,平均跟踪行业公司数量多的优先,若仍相同,按分析师姓名排序。按上述方法得到三年期的分行业证券分析师预测准确性排名如下,因篇幅所限,我们只列示了各行业内排名前20名的证券分析师,若不足20名,则全部列示。

表2-1 三年期分析师预测准确性评价—平均表现(2017.05.01—2020.04.30)
行业:主要消费—食品、饮料与烟草(除农牧渔产品)

分析师姓名	平均表现排名	平均跟踪股票数量	所属证券公司③
盛 夏	1	2	中信证券股份有限公司
李铁生	2	1	中信建投证券股份有限公司
文 献	3	17	平安证券股份有限公司
叶倩瑜	4	10	光大证券股份有限公司
刘 威	5	2	海通证券股份有限公司
朱会振	6	23	西南证券股份有限公司
王 琦	7	1	光大证券股份有限公司
刘 健	8	11	方正证券股份有限公司
薛玉虎	9	26	方正证券股份有限公司
刘晓波	10	3	光大证券股份有限公司

① 因存在同一分析师跟踪不同行业的情况,因此证券分析师总数与各行业分析师数量加总数不一致。
② 标准分越低,预测误差相对越小,预测准确度相对越高。
③ 所属证券公司信息为分析师2017.05.01—2020.04.30期间最后一次发布报告时所处的证券公司,下同。

(续表)

分析师姓名	平均表现排名	平均跟踪股票数量	所属证券公司[3]
李 强	11	29	东北证券股份有限公司
刘 彪	12	17	平安证券股份有限公司
董广阳	13	25	华创证券有限责任公司
苏 铖	14	22	安信证券股份有限公司
董思远	15	3	长江证券股份有限公司
杨天明	16	2	华泰证券股份有限公司
顾向君	17	7	群益证券(香港)有限公司
王永锋	18	24	广发证券股份有限公司
郑汉镇	19	7	太平洋证券股份有限公司
汤玮亮	20	11	中银国际证券股份有限公司

表2-2 三年期分析师预测准确性评价—最佳表现(2017.05.01—2020.04.30)
行业:主要消费—食品、饮料与烟草(除农牧渔产品)

分析师姓名	最佳表现排名	平均跟踪股票数量	所属证券公司
董广阳	1	25	华创证券有限责任公司
朱会振	2	23	西南证券股份有限公司
苏 铖	3	22	安信证券股份有限公司
薛玉虎	4	26	方正证券股份有限公司
陈梦瑶	5	28	国信证券股份有限公司
安雅泽	6	25	中信建投证券股份有限公司
文 献	7	17	平安证券股份有限公司
邢庭志	8	20	中国国际金融股份有限公司
黄付生	9	35	太平洋证券股份有限公司
余春生	10	26	国海证券股份有限公司
杨勇胜	11	24	招商证券股份有限公司
刘 畅	12	21	天风证券股份有限公司
范劲松	13	23	中泰证券股份有限公司
于 杰	14	27	民生证券股份有限公司

(续表)

分析师姓名	最佳表现排名	平均跟踪股票数量	所属证券公司
叶书怀	15	16	东方证券股份有限公司
王永锋	16	24	广发证券股份有限公司
李 强	17	29	东北证券股份有限公司
汤玮亮	18	11	中银国际证券股份有限公司
刘 健	19	11	方正证券股份有限公司
吕若晨	20	21	中国国际金融股份有限公司

在2017年5月1日至2020年4月30日这三年的期间内,持续跟踪主要消费—食品、饮料与烟草(除农牧渔产品)行业并作出每股收益预测的分析师有70名。由表2-1、表2-2可以看出,从平均预测准确性角度来看,排在前五名的分析师分别是:中信证券股份有限公司的盛夏、中信建投证券股份有限公司的李铁生、平安证券股份有限公司的文献、光大证券股份有限公司的叶倩瑜和海通证券股份有限公司的刘威。从最佳预测准确性角度来看,排在前五名的分析师分别是:华创证券有限责任公司的董广阳、西南证券股份有限公司的朱会振、安信证券股份有限公司的苏铖、方正证券股份有限公司的薛玉虎和国信证券股份有限公司的陈梦瑶。

表2-3 三年期分析师预测准确性评价—平均表现(2017.05.01—2020.04.30)
行业:主要消费—农牧渔产品

分析师姓名	平均表现排名	平均跟踪股票数量	所属证券公司
沈 成	1	1	中银国际证券股份有限公司
邓永康	2	1	安信证券股份有限公司
胡 毅	3	1	华创证券有限责任公司
徐云飞	4	1	国泰君安证券股份有限公司
谭 菁	5	1	西南证券股份有限公司
徐柏乔	6	1	海通证券股份有限公司
鲁家瑞	7	10	国泰君安证券股份有限公司
庞钧文	8	1	国泰君安证券股份有限公司
钱 浩	9	4	广发证券股份有限公司
王 乾	10	7	广发证券股份有限公司
钟凯锋	11	17	国泰君安证券股份有限公司

(续表)

分析师姓名	平均表现排名	平均跟踪股票数量	所属证券公司
文献	12	2	平安证券股份有限公司
弓永峰	13	1	中信证券股份有限公司
朱栋	14	1	平安证券股份有限公司
孙扬	15	11	中国国际金融股份有限公司
皮秀	16	1	平安证券股份有限公司
丁频	17	12	海通证券股份有限公司
李晓渊	18	13	国泰君安证券股份有限公司
吴立	19	19	天风证券股份有限公司
盛夏	20	17	中信证券股份有限公司

表2-4　三年期分析师预测准确性评价—最佳表现(2017.05.01—2020.04.30)
行业:主要消费—农牧渔产品

分析师姓名	最佳表现排名	平均跟踪股票数量	所属证券公司
吴立	1	19	天风证券股份有限公司
钟凯锋	2	17	国泰君安证券股份有限公司
陈娇	3	21	兴业证券股份有限公司
王乾	4	7	广发证券股份有限公司
丁频	5	12	海通证券股份有限公司
盛夏	6	17	中信证券股份有限公司
钱浩	7	4	广发证券股份有限公司
程晓东	8	7	太平洋证券股份有限公司
鲁家瑞	9	10	国泰君安证券股份有限公司
李晓渊	10	13	国泰君安证券股份有限公司
魏振亚	11	9	天风证券股份有限公司
康敬东	12	7	信达证券股份有限公司
熊承慧	13	13	中信证券股份有限公司
陈雪丽	14	11	开源证券股份有限公司
陈阳	15	12	海通证券股份有限公司

(续表)

分析师姓名	最佳表现排名	平均跟踪股票数量	所属证券公司
陈奇	16	9	中泰证券股份有限公司
孙扬	17	11	中国国际金融股份有限公司
沈成	18	1	中银国际证券股份有限公司
王莺	19	6	华创证券有限责任公司
文献	20	2	平安证券股份有限公司

在2017年5月1日至2020年4月30日这三年的期间内,持续跟踪主要消费—农牧渔产品行业并作出每股收益预测的分析师有55名。由表2-3、表2-4可以看出,从平均预测准确性角度来看,排在前五名的分析师分别是:中银国际证券股份有限公司的沈成、安信证券股份有限公司的邓永康、华创证券有限责任公司的胡毅、国泰君安证券股份有限公司的徐云飞和西南证券股份有限公司的谭菁。从最佳预测准确性角度来看,排在前五名的分析师分别是:天风证券股份有限公司的吴立、国泰君安证券股份有限公司的钟凯锋、兴业证券股份有限公司的陈娇、广发证券股份有限公司的王乾和海通证券股份有限公司的丁频。

表2-5 三年期分析师预测准确性评价—平均表现(2017.05.01—2020.04.30)
行业:信息技术—信息技术(含半导体、计算机及电子设备、计算机运用)

分析师姓名	平均表现排名	平均跟踪股票数量	所属证券公司
陈彦	1	2	中国国际金融股份有限公司
鞠兴海	2	2	国盛证券有限责任公司
李典	3	2	国元证券股份有限公司
王超	4	3	招商证券股份有限公司
董宇博	5	2	中国国际金融股份有限公司
王瑶平	6	2	中国国际金融股份有限公司
郭丽丽	7	1	天风证券股份有限公司
黄乐平	8	21	中国国际金融股份有限公司
邱日尧	9	4	国泰君安证券股份有限公司
彭磊	10	4	国泰君安证券股份有限公司
冯福章	11	4	安信证券股份有限公司
刘玉萍	12	10	招商证券股份有限公司

(续表)

分析师姓名	平均表现排名	平均跟踪股票数量	所属证券公司
杨妙姝	13	3	民生证券股份有限公司
王天一	14	3	东方证券股份有限公司
唐 笑	15	1	天风证券股份有限公司
刘 荣	16	3	招商证券股份有限公司
刘晓宁	17	4	上海申银万国证券研究所有限公司
张 铖	18	2	长江证券股份有限公司
曲小溪	19	8	长城证券股份有限公司
康雅雯	20	10	中泰证券股份有限公司

表2-6 三年期分析师预测准确性评价—最佳表现(2017.05.01—2020.04.30)
行业:信息技术—信息技术(含半导体、计算机及电子设备、计算机运用)

分析师姓名	最佳表现排名	平均跟踪股票数量	所属证券公司
胡又文	1	62	安信证券股份有限公司
杨泽原	2	16	中信证券股份有限公司
郑宏达	3	30	海通证券股份有限公司
何 晨	4	19	财信证券有限责任公司
谢春生	5	38	华泰证券股份有限公司
许兴军	6	31	广发证券股份有限公司
刘雪峰	7	26	广发证券股份有限公司
肖明亮	8	15	广州广证恒生证券投资咨询有限公司
刘 洋	9	26	上海申银万国证券研究所有限公司
沈海兵	10	42	天风证券股份有限公司
孙远峰	11	28	华西证券股份有限公司
潘 暕	12	40	天风证券股份有限公司
黎韬扬	13	10	中信建投证券股份有限公司
刘 言	14	23	西南证券股份有限公司
姜国平	15	22	光大证券股份有限公司
唐海清	16	15	天风证券股份有限公司

(续表)

分析师姓名	最佳表现排名	平均跟踪股票数量	所属证券公司
杨仁文	17	8	方正证券股份有限公司
闻学臣	18	34	中泰证券股份有限公司
欧阳仕华	19	34	国信证券股份有限公司
孙芳芳	20	7	浙商证券股份有限公司

在2017年5月1日至2020年4月30日这三年的期间内，持续跟踪信息技术—信息技术（含半导体、计算机及电子设备、计算机运用）行业并作出每股收益预测的分析师有310名。由表2-5、表2-6可以看出，从平均预测准确性角度来看，排在前五名的分析师分别是：中国国际金融股份有限公司的陈彦、国盛证券有限责任公司的鞠兴海、国元证券股份有限公司的李典、招商证券股份有限公司的王超和中国国际金融股份有限公司的董宇博。从最佳预测准确性角度来看，排在前五名的分析师分别是：安信证券股份有限公司的胡又文、中信证券股份有限公司的杨泽原、海通证券股份有限公司的郑宏达、财信证券有限责任公司的何晨和华泰证券股份有限公司的谢春生。

表2-7 三年期分析师预测准确性评价—平均表现（2017.05.01—2020.04.30）
行业：公用事业—公用事业

分析师姓名	平均表现排名	平均跟踪股票数量	所属证券公司
邱懿峰	1	4	新时代证券股份有限公司
顾一弘	2	1	东北证券股份有限公司
庞文亮	3	2	平安证券股份有限公司
沈 成	4	2	中银国际证券股份有限公司
袁 理	5	1	东吴证券股份有限公司
郭 鹏	6	7	广发证券股份有限公司
刘晓宁	7	26	上海申银万国证券研究所有限公司
杨心成	8	2	国盛证券有限责任公司
张韦华	9	5	长江证券股份有限公司
邱长伟	10	2	广发证券股份有限公司
蔡 屹	11	6	兴业证券股份有限公司
李 想	12	7	中信证券股份有限公司

(续表)

分析师姓名	平均表现排名	平均跟踪股票数量	所属证券公司
刘 俊	13	8	中国国际金融股份有限公司
周 然	14	2	中国银河证券股份有限公司
王 威	15	15	光大证券股份有限公司
汪 洋	16	9	兴业证券股份有限公司
邵琳琳	17	10	安信证券股份有限公司
王 璐	18	25	上海申银万国证券研究所有限公司
冀丽俊	19	5	上海证券有限责任公司
濮 阳	20	6	长城证券股份有限公司

表2-8 三年期分析师预测准确性评价—最佳表现(2017.05.01—2020.04.30)
行业:公用事业—公用事业

分析师姓名	最佳表现排名	平均跟踪股票数量	所属证券公司
刘晓宁	1	26	上海申银万国证券研究所有限公司
王 威	2	15	光大证券股份有限公司
刘 俊	3	8	中国国际金融股份有限公司
邱懿峰	4	4	新时代证券股份有限公司
周 妍	5	14	国泰君安证券股份有限公司
李 想	6	7	中信证券股份有限公司
王 璐	7	25	上海申银万国证券研究所有限公司
郭丽丽	8	10	天风证券股份有限公司
张韦华	9	5	长江证券股份有限公司
濮 阳	10	6	长城证券股份有限公司
王玮嘉	11	10	华泰证券股份有限公司
王颖婷	12	8	西南证券股份有限公司
邵琳琳	13	10	安信证券股份有限公司
查 浩	14	22	上海申银万国证券研究所有限公司
万 炜	15	15	中信建投证券股份有限公司
朱纯阳	16	8	招商证券股份有限公司

(续表)

分析师姓名	最佳表现排名	平均跟踪股票数量	所属证券公司
汪　洋	17	9	兴业证券股份有限公司
陈青青	18	6	国信证券股份有限公司
郭　鹏	19	7	广发证券股份有限公司
严家源	20	5	平安证券股份有限公司

在2017年5月1日至2020年4月30日这三年的期间内,持续跟踪公用事业—公用事业行业并作出每股收益预测的分析师有42名。由表2-7、表2-8可以看出,从平均预测准确性角度来看,排在前五名的分析师分别是:新时代证券股份有限公司的邱懿峰、东北证券股份有限公司的顾一弘、平安证券股份有限公司的庞文亮、中银国际证券股份有限公司的沈成和东吴证券股份有限公司的袁理。从最佳预测准确性角度来看,排在前五名的分析师分别是:上海申银万国证券研究所有限公司的刘晓宁、光大证券股份有限公司的王威、中国国际金融股份有限公司的刘俊、新时代证券股份有限公司的邱懿峰和国泰君安证券股份有限公司的周妍。

表2-9 三年期分析师预测准确性评价—平均表现(2017.05.01—2020.04.30)
行业:医药卫生—医药卫生(含医疗器械与服务、医药生物)

分析师姓名	平均表现排名	平均跟踪股票数量	所属证券公司
姜国平	1	1	光大证券股份有限公司
王文龙	2	1	太平洋证券股份有限公司
刘　易	3	1	国泰君安证券股份有限公司
卫书根	4	1	光大证券股份有限公司
孙　扬	5	4	中国国际金融股份有限公司
张燕生	6	1	信达证券股份有限公司
李　辉	7	1	天风证券股份有限公司
郝　彪	8	1	东吴证券股份有限公司
谢木青	9	10	中泰证券股份有限公司
吴　立	10	7	天风证券股份有限公司
苑　建	11	5	太平洋证券股份有限公司
江　琦	12	43	中泰证券股份有限公司
刘雪峰	13	1	广发证券股份有限公司

(续表)

分析师姓名	平均表现排名	平均跟踪股票数量	所属证券公司
谢春生	14	2	华泰证券股份有限公司
袁霏阳	15	3	中国国际金融股份有限公司
孙金钜	16	3	新时代证券股份有限公司
姚 文	17	4	万联证券股份有限公司
杜佐远	18	21	太平洋证券股份有限公司
王奇珏	19	1	广发证券股份有限公司
高 岳	20	7	长江证券股份有限公司

表 2-10 三年期分析师预测准确性评价—最佳表现(2017.05.01—2020.04.30)
行业:医药卫生—医药卫生(含医疗器械与服务、医药生物)

分析师姓名	最佳表现排名	平均跟踪股票数量	所属证券公司
崔文亮	1	41	华西证券股份有限公司
朱国广	2	81	西南证券股份有限公司
张金洋	3	41	国盛证券有限责任公司
江 琦	4	43	中泰证券股份有限公司
杜永宏	5	21	华鑫证券有限责任公司
徐佳熹	6	66	兴业证券股份有限公司
高 岳	7	7	长江证券股份有限公司
叶 寅	8	40	平安证券股份有限公司
张文录	9	48	财通证券股份有限公司
李敬雷	10	24	国金证券股份有限公司
杜佐远	11	21	太平洋证券股份有限公司
田加强	12	39	中信证券股份有限公司
吴 斌	13	22	招商证券股份有限公司
周小刚	14	29	方正证券股份有限公司
胡博新	15	26	东兴证券股份有限公司
罗佳荣	16	34	广发证券股份有限公司
丁 丹	17	41	国泰君安证券股份有限公司

(续表)

分析师姓名	最佳表现排名	平均跟踪股票数量	所属证券公司
郑薇	18	46	天风证券股份有限公司
贺菊颖	19	36	中信建投证券股份有限公司
唐爱金	20	19	广州广证恒生证券投资咨询有限公司

在2017年5月1日至2020年4月30日这三年的期间内，持续跟踪医药卫生—医药卫生(含医疗器械与服务、医药生物)行业并作出每股收益预测的分析师有140名。由表2-9、表2-10可以看出，从平均预测准确性角度来看，排在前五名的分析师分别是：光大证券股份有限公司的姜国平、太平洋证券股份有限公司的王文龙、国泰君安证券股份有限公司的刘易、光大证券股份有限公司的卫书根和中国国际金融股份有限公司的孙扬。从最佳预测准确性角度来看，排在前五名的分析师分别是：华西证券股份有限公司的崔文亮、西南证券股份有限公司的朱国广、国盛证券有限责任公司的张金洋、中泰证券股份有限公司的江琦和华鑫证券有限责任公司的杜永宏。

表2-11 三年期分析师预测准确性评价—平均表现(2017.05.01—2020.04.30)
行业：原材料—原材料1(含化学制品、化学原料)

分析师姓名	平均表现排名	平均跟踪股票数量	所属证券公司
邹玲玲	1	2	中泰证券股份有限公司
曾朵红	2	2	东吴证券股份有限公司
姚键	3	1	国信证券股份有限公司
周菁	4	1	上海证券有限责任公司
鞠兴海	5	1	国盛证券有限责任公司
邹戈	6	5	广发证券股份有限公司
王玮嘉	7	1	华泰证券股份有限公司
游家训	8	2	招商证券股份有限公司
鲍荣富	9	4	华泰证券股份有限公司
胡毅	10	1	华创证券有限责任公司
李璇	11	30	中国国际金融股份有限公司
刘洋	12	1	西南证券股份有限公司
邹兰兰	13	13	长城证券股份有限公司

(续表)

分析师姓名	平均表现排名	平均跟踪股票数量	所属证券公司
董瑞斌	14	2	招商证券股份有限公司
石 亮	15	7	招商证券股份有限公司
陈亚龙	16	4	华泰证券股份有限公司
杨 云	17	5	浙商证券股份有限公司
肖 晴	18	2	国盛证券有限责任公司
周 铮	19	27	招商证券股份有限公司
林 帆	20	2	华金证券股份有限公司

表2-12 三年期分析师预测准确性评价—最佳表现(2017.05.01—2020.04.30)
行业：原材料—原材料1(含化学制品、化学原料)

分析师姓名	最佳表现排名	平均跟踪股票数量	所属证券公司
李永磊	1	21	方正证券股份有限公司
徐留明	2	34	兴业证券股份有限公司
邹 戈	3	5	广发证券股份有限公司
周 铮	4	27	招商证券股份有限公司
代鹏举	5	29	国海证券股份有限公司
裘孝锋	6	27	光大证券股份有限公司
刘 威	7	63	海通证券股份有限公司
李 璇	8	30	中国国际金融股份有限公司
宋 涛	9	36	上海申银万国证券研究所有限公司
黄景文	10	42	西南证券股份有限公司
马 太	11	9	长江证券股份有限公司
李明刚	12	31	国泰君安证券股份有限公司
鲍雁辛	13	5	国泰君安证券股份有限公司
李 辉	14	24	天风证券股份有限公司
张樨樨	15	5	天风证券股份有限公司
鲍荣富	16	4	华泰证券股份有限公司
杨 伟	17	38	华西证券股份有限公司

(续表)

分析师姓名	最佳表现排名	平均跟踪股票数量	所属证券公司
刘 曦	18	22	华泰证券股份有限公司
黄莉莉	19	14	中信证券股份有限公司
黄道立	20	6	国信证券股份有限公司

在 2017 年 5 月 1 日至 2020 年 4 月 30 日这三年的期间内,持续跟踪原材料—原材料 1(含化学制品、化学原料)行业并作出每股收益预测的分析师有 153 名。由表 2-11、表 2-12 可以看出,从平均预测准确性角度来看,排在前五名的分析师分别是:中泰证券股份有限公司的邹玲玲、东吴证券股份有限公司的曾朵红、国信证券股份有限公司的姚键、上海证券有限责任公司的周菁和国盛证券有限责任公司的鞠兴海。从最佳预测准确性角度来看,排在前五名的分析师分别是:方正证券股份有限公司的李永磊、兴业证券股份有限公司的徐留明、广发证券股份有限公司的邹戈、招商证券股份有限公司的周铮和国海证券股份有限公司的代鹏举。

表 2-13 三年期分析师预测准确性评价—平均表现(2017.05.01—2020.04.30)
行业:原材料—原材料 2(含建筑材料、有色金属、钢铁、非金属采矿及制品)

分析师姓名	平均表现排名	平均跟踪股票数量	所属证券公司
吕 娟	1	1	方正证券股份有限公司
孙伟风	2	5	光大证券股份有限公司
笃 慧	3	21	中泰证券股份有限公司
邱瀚萱	4	8	华泰证券股份有限公司
开文明	5	3	新时代证券股份有限公司
陶贻功	6	5	民生证券股份有限公司
齐 丁	7	11	安信证券股份有限公司
武浩翔	8	9	天风证券股份有限公司
李 佳	9	1	华创证券有限责任公司
赵晨阳	10	4	国泰君安证券股份有限公司
沈 成	11	3	中银国际证券股份有限公司
张 帅	12	3	国金证券股份有限公司
牟国洪	13	2	中原证券股份有限公司
房大磊	14	3	国盛证券有限责任公司

(续表)

分析师姓名	平均表现排名	平均跟踪股票数量	所属证券公司
王 凯	15	8	光大证券股份有限公司
刘晶敏	16	1	太平洋证券股份有限公司
赖福洋	17	15	中泰证券股份有限公司
陈 彦	18	29	中国国际金融股份有限公司
盛昌盛	19	12	天风证券股份有限公司
邹兰兰	20	1	长城证券股份有限公司

表2-14 三年期分析师预测准确性评价—最佳表现（2017.05.01—2020.04.30）
行业：原材料—原材料2（含建筑材料、有色金属、钢铁、非金属采矿及制品）

分析师姓名	最佳表现排名	平均跟踪股票数量	所属证券公司
任志强	1	35	华创证券有限责任公司
鲍雁辛	2	29	国泰君安证券股份有限公司
刘华峰	3	21	国泰君安证券股份有限公司
李 斌	4	28	华泰证券股份有限公司
笃 慧	5	21	中泰证券股份有限公司
陈 彦	6	29	中国国际金融股份有限公司
赵军胜	7	6	东兴证券股份有限公司
邱祖学	8	39	兴业证券股份有限公司
杨诚笑	9	27	天风证券股份有限公司
盛昌盛	10	12	天风证券股份有限公司
刘文平	11	17	招商证券股份有限公司
鲍荣富	12	14	华泰证券股份有限公司
陈浩武	13	9	光大证券股份有限公司
范海波	14	10	信达证券股份有限公司
巨国贤	15	19	广发证券股份有限公司
敖 翀	16	15	中信证券股份有限公司
黄 涛	17	7	国泰君安证券股份有限公司
杨坤河	18	16	太平洋证券股份有限公司

(续表)

分析师姓名	最佳表现排名	平均跟踪股票数量	所属证券公司
李华丰	19	11	兴业证券股份有限公司
王保庆	20	7	华创证券有限责任公司

在2017年5月1日至2020年4月30日这三年的期间内,持续跟踪原材料—原材料2(含建筑材料、有色金属、钢铁、非金属采矿及制品)行业并作出每股收益预测的分析师有119名。由表2-13、表2-14可以看出,从平均预测准确性角度来看,排在前五名的分析师分别是:方正证券股份有限公司的吕娟、光大证券股份有限公司的孙伟风、中泰证券股份有限公司的笃慧、华泰证券股份有限公司的邱瀚萱和新时代证券股份有限公司的开文明。从最佳预测准确性角度来看,排在前五名的分析师分别是:华创证券有限责任公司的任志强、国泰君安证券股份有限公司的鲍雁辛、国泰君安证券股份有限公司的刘华峰、华泰证券股份有限公司的李斌和中泰证券股份有限公司的笃慧。

表2-15 三年期分析师预测准确性评价—平均表现(2017.05.01—2020.04.30)
行业:原材料—轻工(含家庭与个人用品、容器与包装、纸类与林业产品)

分析师姓名	平均表现排名	平均跟踪股票数量	所属证券公司
宋 涛	1	1	上海申银万国证券研究所有限公司
沈 衡	2	1	上海申银万国证券研究所有限公司
林 帆	3	1	华金证券股份有限公司
陈浩武	4	1	光大证券股份有限公司
邹 戈	5	2	广发证券股份有限公司
田加强	6	1	中信证券股份有限公司
樊俊豪	7	9	中国国际金融股份有限公司
黄道立	8	2	国信证券股份有限公司
马 莉	9	8	东吴证券股份有限公司
刘 威	10	1	海通证券股份有限公司
谢 璐	11	2	广发证券股份有限公司
鲍雁辛	12	2	国泰君安证券股份有限公司
郑 恺	13	11	招商证券股份有限公司
孙 亮	14	1	天风证券股份有限公司

(续表)

分析师姓名	平均表现排名	平均跟踪股票数量	所属证券公司
周海晨	15	9	上海申银万国证券研究所有限公司
徐晓芳	16	3	中信证券股份有限公司
陈羽锋	17	7	华泰证券股份有限公司
史凡可	18	7	东吴证券股份有限公司
沈 成	19	1	中银国际证券股份有限公司
穆方舟	20	6	国泰君安证券股份有限公司

表 2-16　三年期分析师预测准确性评价—最佳表现(2017.05.01—2020.04.30)
行业:原材料—轻工(含家庭与个人用品、容器与包装、纸类与林业产品)

分析师姓名	最佳表现排名	平均跟踪股票数量	所属证券公司
周海晨	1	9	上海申银万国证券研究所有限公司
樊俊豪	2	9	中国国际金融股份有限公司
徐林锋	3	7	华西证券股份有限公司
屠亦婷	4	9	上海申银万国证券研究所有限公司
唐 凯	5	8	东北证券股份有限公司
郑 恺	6	11	招商证券股份有限公司
杨志威	7	4	中银国际证券股份有限公司
马 莉	8	8	东吴证券股份有限公司
范张翔	9	6	天风证券股份有限公司
李宏鹏	10	10	招商证券股份有限公司
赵中平	11	7	广发证券股份有限公司
陈羽锋	12	7	华泰证券股份有限公司
蔡 欣	13	8	西南证券股份有限公司
李跃博	14	5	兴业证券股份有限公司
史凡可	15	7	东吴证券股份有限公司
鄢 鹏	16	4	长江证券股份有限公司
陈柏儒	17	5	民生证券股份有限公司
濮冬燕	18	10	招商证券股份有限公司

(续表)

分析师姓名	最佳表现排名	平均跟踪股票数量	所属证券公司
倪娇娇	19	5	华泰证券股份有限公司
穆方舟	20	6	国泰君安证券股份有限公司

在2017年5月1日至2020年4月30日这三年的期间内,持续跟踪原材料—轻工(含家庭与个人用品、容器与包装、纸类与林业产品)行业并作出每股收益预测的分析师有73名。由表2-15、表2-16可以看出,从平均预测准确性角度来看,排在前五名的分析师分别是:上海申银万国证券研究所有限公司的宋涛、上海申银万国证券研究所有限公司的沈衡、华金证券股份有限公司的林帆、光大证券股份有限公司的陈浩武和广发证券股份有限公司的邹戈。从最佳预测准确性角度来看,排在前五名的分析师分别是:上海申银万国证券研究所有限公司的周海晨、中国国际金融股份有限公司的樊俊豪、华西证券股份有限公司的徐林锋、上海申银万国证券研究所有限公司的屠亦婷和东北证券股份有限公司的唐凯。

表2-17 三年期分析师预测准确性评价—平均表现(2017.05.01—2020.04.30)
行业:可选消费—传媒

分析师姓名	平均表现排名	平均跟踪股票数量	所属证券公司
唐思思	1	8	中信证券股份有限公司
文浩	2	8	天风证券股份有限公司
肖俨衍	3	9	中信证券股份有限公司
张爽	4	5	天风证券股份有限公司
旷实	5	12	广发证券股份有限公司
张雪晴	6	10	中国国际金融股份有限公司
孟玮	7	17	中国国际金融股份有限公司
周良玖	8	3	东吴证券股份有限公司
李典	9	3	国元证券股份有限公司
杨艾莉	10	5	中信建投证券股份有限公司
康雅雯	11	13	中泰证券股份有限公司
肖丽荣	12	4	华创证券有限责任公司
滕文飞	13	9	上海证券有限责任公司
杨仁文	14	8	方正证券股份有限公司

(续表)

分析师姓名	平均表现排名	平均跟踪股票数量	所属证券公司
丁婉贝	15	15	兴业证券股份有限公司
冯翠婷	16	1	天风证券股份有限公司
王莎莎	17	1	华泰证券股份有限公司
刘言	18	16	西南证券股份有限公司
方光照	19	4	中银国际证券股份有限公司
付宇娣	20	3	华金证券股份有限公司

表2-18 三年期分析师预测准确性评价—最佳表现（2017.05.01—2020.04.30）
行业：可选消费—传媒

分析师姓名	最佳表现排名	平均跟踪股票数量	所属证券公司
丁婉贝	1	15	兴业证券股份有限公司
郝艳辉	2	15	海通证券股份有限公司
顾佳	3	11	招商证券股份有限公司
张衡	4	14	国信证券股份有限公司
孟玮	5	17	中国国际金融股份有限公司
孔蓉	6	7	光大证券股份有限公司
唐思思	7	8	中信证券股份有限公司
邵伟	8	8	兴业证券股份有限公司
文浩	9	8	天风证券股份有限公司
陈筱	10	15	国泰君安证券股份有限公司
刘言	11	16	西南证券股份有限公司
肖俨衍	12	9	中信证券股份有限公司
康雅雯	13	13	中泰证券股份有限公司
胡皓	14	11	新时代证券股份有限公司
旷实	15	12	广发证券股份有限公司
林起贤	16	4	上海申银万国证券研究所有限公司
张爽	17	5	天风证券股份有限公司
杨仁文	18	8	方正证券股份有限公司

(续表)

分析师姓名	最佳表现排名	平均跟踪股票数量	所属证券公司
张良卫	19	11	东吴证券股份有限公司
陈净娴	20	9	粤开证券股份有限公司

在 2017 年 5 月 1 日至 2020 年 4 月 30 日这三年的期间内,持续跟踪可选消费—传媒行业并作出每股收益预测的分析师有 58 名。由表 2-17、表 2-18 可以看出,从平均预测准确性角度来看,排在前五名的分析师分别是:中信证券股份有限公司的唐思思、天风证券股份有限公司的文浩、中信证券股份有限公司的肖俨衍、天风证券股份有限公司的张爽和广发证券股份有限公司的旷实。从最佳预测准确性角度来看,排在前五名的分析师分别是:兴业证券股份有限公司的丁婉贝、海通证券股份有限公司的郝艳辉、招商证券股份有限公司的顾佳、国信证券股份有限公司的张衡和中国国际金融股份有限公司的孟玮。

表 2-19　三年期分析师预测准确性评价—平均表现(2017.05.01—2020.04.30)
行业:可选消费—汽车与汽车零部件

分析师姓名	平均表现排名	平均跟踪股票数量	所属证券公司
杨晖	1	2	方正证券股份有限公司
朱吉翔	2	1	群益证券(香港)有限公司
陈珂	3	2	浙商证券股份有限公司
虞小波	4	2	财通证券股份有限公司
李永磊	5	2	方正证券股份有限公司
开文明	6	1	新时代证券股份有限公司
陈彦	7	1	中国国际金融股份有限公司
彭勇	8	24	财通证券股份有限公司
陈俊斌	9	18	中信证券股份有限公司
李凌云	10	13	中国国际金融股份有限公司
汪刘胜	11	21	招商证券股份有限公司
邓学	12	23	天风证券股份有限公司
徐留明	13	1	兴业证券股份有限公司
王德安	14	14	平安证券股份有限公司
奉玮	15	26	中国国际金融股份有限公司

(续表)

分析师姓名	平均表现排名	平均跟踪股票数量	所属证券公司
曹群海	16	12	平安证券股份有限公司
刘 威	17	2	海通证券股份有限公司
吕 娟	18	2	方正证券股份有限公司
张 帅	19	4	国金证券股份有限公司
曾朵红	20	1	东吴证券股份有限公司

表2-20 三年期分析师预测准确性评价—最佳表现(2017.05.01—2020.04.30)
行业:可选消费—汽车与汽车零部件

分析师姓名	最佳表现排名	平均跟踪股票数量	所属证券公司
彭 勇	1	24	财通证券股份有限公司
汪刘胜	2	21	招商证券股份有限公司
邓 学	3	23	天风证券股份有限公司
林 帆	4	17	华金证券股份有限公司
于 特	5	28	方正证券股份有限公司
白 宇	6	24	太平洋证券股份有限公司
姜雪晴	7	18	东方证券股份有限公司
刘 洋	8	16	西南证券股份有限公司
李凌云	9	13	中国国际金融股份有限公司
李恒光	10	15	东北证券股份有限公司
陈俊斌	11	18	中信证券股份有限公司
梁 超	12	20	国信证券股份有限公司
朱 朋	13	18	中银国际证券股份有限公司
宋亭亭	14	7	上海申银万国证券研究所有限公司
奉 玮	15	26	中国国际金融股份有限公司
余海坤	16	11	中信建投证券股份有限公司
王俊杰	17	10	华创证券有限责任公司
岳清慧	18	16	方正证券股份有限公司
张 乐	19	10	广发证券股份有限公司
黄细里	20	6	东吴证券股份有限公司

在2017年5月1日至2020年4月30日这三年的期间内,持续跟踪可选消费—汽车与汽车零部件行业并作出每股收益预测的分析师有85名。由表2-19、表2-20可以看出,从平均预测准确性角度来看,排在前五名的分析师分别是:方正证券股份有限公司的杨晖、群益证券(香港)有限公司的朱吉翔、浙商证券股份有限公司的陈珂、财通证券股份有限公司的虞小波和方正证券股份有限公司的李永磊。从最佳预测准确性角度来看,排在前五名的分析师分别是:财通证券股份有限公司的彭勇、招商证券股份有限公司的汪刘胜、天风证券股份有限公司的邓学、华金证券股份有限公司的林帆和方正证券股份有限公司的于特。

表2-21　三年期分析师预测准确性评价—平均表现(2017.05.01—2020.04.30)
行业:可选消费—消费者服务、耐用消费品与服装

分析师姓名	平均表现排名	平均跟踪股票数量	所属证券公司
唐佳睿	1	5	光大证券股份有限公司
顾　佳	2	1	招商证券股份有限公司
王凌涛	3	2	太平洋证券股份有限公司
刘　凯	4	3	光大证券股份有限公司
樊俊豪	5	6	中国国际金融股份有限公司
洪　涛	6	3	广发证券股份有限公司
李华丰	7	2	兴业证券股份有限公司
马　莉	8	28	东吴证券股份有限公司
何　伟	9	25	中国国际金融股份有限公司
訾　猛	10	3	国泰君安证券股份有限公司
管泉森	11	6	长江证券股份有限公司
洪吉然	12	7	财通证券股份有限公司
雷慧华	13	4	安信证券股份有限公司
孙　珊	14	6	长江证券股份有限公司
梅　林	15	12	招商证券股份有限公司
何文雯	16	1	天风证券股份有限公司
王宇飞	17	1	中国国际金融股份有限公司
杨志威	18	9	中银国际证券股份有限公司
陈彦辛	19	3	国泰君安证券股份有限公司
何　晨	20	8	财富证券有限责任公司

表 2-22 三年期分析师预测准确性评价—最佳表现(2017.05.01—2020.04.30)
行业:可选消费—消费者服务、耐用消费品与服装

分析师姓名	最佳表现排名	平均跟踪股票数量	所属证券公司
杨志威	1	9	中银国际证券股份有限公司
糜韩杰	2	24	广发证券股份有限公司
马 莉	3	28	东吴证券股份有限公司
姜 娅	4	12	中信证券股份有限公司
徐林锋	5	9	华西证券股份有限公司
张立聪	6	17	安信证券股份有限公司
鞠兴海	7	15	国盛证券有限责任公司
钱 建	8	16	国联证券股份有限公司
魏红梅	9	13	东莞证券股份有限公司
梅 林	10	12	招商证券股份有限公司
唐 凯	11	18	东北证券股份有限公司
何 伟	12	25	中国国际金融股份有限公司
金 星	13	14	光大证券股份有限公司
郝 帅	14	12	国泰君安证券股份有限公司
陈子仪	15	17	海通证券股份有限公司
何 晨	16	8	财富证券有限责任公司
陈天蛟	17	8	太平洋证券股份有限公司
汤 军	18	8	东吴证券股份有限公司
施红梅	19	22	东方证券股份有限公司
洪吉然	20	7	财通证券股份有限公司

在2017年5月1日至2020年4月30日这三年的期间内,持续跟踪可选消费—消费者服务、耐用消费品与服装行业并作出每股收益预测的分析师有190名。由表2-21、表2-22可以看出,从平均预测准确性角度来看,排在前五名的分析师分别是:光大证券股份有限公司的唐佳睿、招商证券股份有限公司的顾佳、太平洋证券股份有限公司的王凌涛、光大证券股份有限公司的刘凯和中国国际金融股份有限公司的樊俊豪。从最佳预测准确性角度来看,排在前五名的分析师分别是:中银国际证券股份有限公司的杨志威、广发证券股份有限公司的糜韩杰、东吴证券股

份有限公司的马莉、中信证券股份有限公司的姜娅和华西证券股份有限公司的徐林锋。

表 2-23 三年期分析师预测准确性评价—平均表现(2017.05.01—2020.04.30)
行业：可选消费—零售业

分析师姓名	平均表现排名	平均跟踪股票数量	所属证券公司
史凡可	1	1	东吴证券股份有限公司
马 莉	2	3	东吴证券股份有限公司
穆方舟	3	1	国泰君安证券股份有限公司
唐佳睿	4	27	光大证券股份有限公司
李 婕	5	2	光大证券股份有限公司
洪 涛	6	11	广发证券股份有限公司
郑闵钢	7	4	东兴证券股份有限公司
林伟强	8	5	中信证券股份有限公司
吕若晨	9	2	中国国际金融股份有限公司
汪立亭	10	13	海通证券股份有限公司
徐晓芳	11	10	中信证券股份有限公司
林骥川	12	1	东吴证券股份有限公司
李 锦	13	5	长江证券股份有限公司
訾 猛	14	14	国泰君安证券股份有限公司
李跃博	15	2	兴业证券股份有限公司
林昕宇	16	1	国泰君安证券股份有限公司
樊俊豪	17	11	中国国际金融股份有限公司
陈腾曦	18	1	东吴证券股份有限公司
陈 亮	19	5	长江证券股份有限公司
倪 华	20	5	方正证券股份有限公司

表 2-24 三年期分析师预测准确性评价—最佳表现(2017.05.01—2020.04.30)
行业：可选消费—零售业

分析师姓名	最佳表现排名	平均跟踪股票数量	所属证券公司
唐佳睿	1	27	光大证券股份有限公司
徐晓芳	2	10	中信证券股份有限公司

(续表)

分析师姓名	最佳表现排名	平均跟踪股票数量	所属证券公司
汪立亭	3	13	海通证券股份有限公司
訾 猛	4	14	国泰君安证券股份有限公司
樊俊豪	5	11	中国国际金融股份有限公司
洪 涛	6	11	广发证券股份有限公司
刘章明	7	13	天风证券股份有限公司
李宏科	8	13	海通证券股份有限公司
陈彦辛	9	11	国泰君安证券股份有限公司
彭 毅	10	6	中泰证券股份有限公司
倪 华	11	5	方正证券股份有限公司
彭 瑛	12	8	国泰君安证券股份有限公司
马 莉	13	3	东吴证券股份有限公司
陈文倩	14	7	新时代证券股份有限公司
王念春	15	7	国信证券股份有限公司
罗贤飞	16	5	方正证券股份有限公司
钱 建	17	4	国联证券股份有限公司
李 锦	18	5	长江证券股份有限公司
史 琨	19	6	中信建投证券股份有限公司
陈 亮	20	5	长江证券股份有限公司

在2017年5月1日至2020年4月30日这三年的期间内,持续跟踪可选消费—零售业行业并作出每股收益预测的分析师有48名。由表2-23、表2-24可以看出,从平均预测准确性角度来看,排在前五名的分析师分别是:东吴证券股份有限公司的史凡可、东吴证券股份有限公司的马莉、国泰君安证券股份有限公司的穆方舟、光大证券股份有限公司的唐佳睿和光大证券股份有限公司的李婕。从最佳预测准确性角度来看,排在前五名的分析师分别是:光大证券股份有限公司的唐佳睿、中信证券股份有限公司的徐晓芳、海通证券股份有限公司的汪立亭、国泰君安证券股份有限公司的訾猛和中国国际金融股份有限公司的樊俊豪。

表2-25 三年期分析师预测准确性评价—平均表现(2017.05.01—2020.04.30)
行业:工业—交通运输

分析师姓名	平均表现排名	平均跟踪股票数量	所属证券公司
郑 武	1	17	国泰君安证券股份有限公司
岳 鑫	2	7	国泰君安证券股份有限公司
杨 鑫	3	33	中国国际金融股份有限公司
沈 涛	4	2	广发证券股份有限公司
吴一凡	5	25	华创证券有限责任公司
陈金海	6	6	国泰君安证券股份有限公司
皇甫晓晗	7	6	国泰君安证券股份有限公司
龚 里	8	27	兴业证券股份有限公司
沈晓峰	9	30	华泰证券股份有限公司
刘 阳	10	15	华创证券有限责任公司
姜 明	11	25	天风证券股份有限公司
刘 正	12	19	中信证券股份有限公司
苏宝亮	13	22	招商证券股份有限公司
明 兴	14	9	安信证券股份有限公司
瞿永忠	15	20	东北证券股份有限公司
曾凡喆	16	3	天风证券股份有限公司
韩轶超	17	9	长江证券股份有限公司
张晓云	18	17	兴业证券股份有限公司
吉 理	19	8	兴业证券股份有限公司
陈照林	20	12	西南证券股份有限公司

表2-26 三年期分析师预测准确性评价—最佳表现(2017.05.01—2020.04.30)
行业:工业—交通运输

分析师姓名	最佳表现排名	平均跟踪股票数量	所属证券公司
吴一凡	1	25	华创证券有限责任公司
龚 里	2	27	兴业证券股份有限公司
沈晓峰	3	30	华泰证券股份有限公司

(续表)

分析师姓名	最佳表现排名	平均跟踪股票数量	所属证券公司
郑　武	4	17	国泰君安证券股份有限公司
刘　正	5	19	中信证券股份有限公司
杨　鑫	6	33	中国国际金融股份有限公司
苏宝亮	7	22	招商证券股份有限公司
姜　明	8	25	天风证券股份有限公司
瞿永忠	9	20	东北证券股份有限公司
罗江南	10	13	长城证券股份有限公司
张晓云	11	17	兴业证券股份有限公司
韩轶超	12	9	长江证券股份有限公司
袁　钉	13	14	华泰证券股份有限公司
皇甫晓晗	14	6	国泰君安证券股份有限公司
陈照林	15	12	西南证券股份有限公司
岳　鑫	16	7	国泰君安证券股份有限公司
明　兴	17	9	安信证券股份有限公司
王品辉	18	6	兴业证券股份有限公司
刘　阳	19	15	华创证券有限责任公司
陈金海	20	6	国泰君安证券股份有限公司

在2017年5月1日至2020年4月30日这三年的期间内,持续跟踪工业—交通运输行业并作出每股收益预测的分析师有38名。由表2-25、表2-26可以看出,从平均预测准确性角度来看,排在前五名的分析师分别是:国泰君安证券股份有限公司的郑武、国泰君安证券股份有限公司的岳鑫、中国国际金融股份有限公司的杨鑫、广发证券股份有限公司的沈涛和华创证券有限责任公司的吴一凡。从最佳预测准确性角度来看,排在前五名的分析师分别是:华创证券有限责任公司的吴一凡、兴业证券股份有限公司的龚里、华泰证券股份有限公司的沈晓峰、国泰君安证券股份有限公司的郑武和中信证券股份有限公司的刘正。

表 2-27 三年期分析师预测准确性评价—平均表现(2017.05.01—2020.04.30)
行业：工业—商业服务与用品

分析师姓名	平均表现排名	平均跟踪股票数量	所属证券公司
杨诚笑	1	1	天风证券股份有限公司
范欣悦	2	1	中泰证券股份有限公司
郭海燕	3	1	中国国际金融股份有限公司
孙 亮	4	1	天风证券股份有限公司
杨志威	5	2	中银国际证券股份有限公司
林骥川	6	1	东吴证券股份有限公司
陈腾曦	7	1	东吴证券股份有限公司
谭 倩	8	3	国海证券股份有限公司
罗立波	9	1	广发证券股份有限公司
马 莉	10	3	东吴证券股份有限公司
涂力磊	11	1	海通证券股份有限公司
徐林锋	12	4	华西证券股份有限公司
鲍荣富	13	4	华泰证券股份有限公司
雷慧华	14	3	安信证券股份有限公司
祖国鹏	15	1	中信证券股份有限公司
訾 猛	16	4	国泰君安证券股份有限公司
刘 凯	17	1	光大证券股份有限公司
刘国清	18	2	太平洋证券股份有限公司
李 璇	19	1	中国国际金融股份有限公司
郑 恺	20	4	招商证券股份有限公司

表 2-28 三年期分析师预测准确性评价—最佳表现(2017.05.01—2020.04.30)
行业：工业—商业服务与用品

分析师姓名	最佳表现排名	平均跟踪股票数量	所属证券公司
徐林锋	1	4	华西证券股份有限公司
郑 恺	2	4	招商证券股份有限公司
李宏鹏	3	4	招商证券股份有限公司

(续表)

分析师姓名	最佳表现排名	平均跟踪股票数量	所属证券公司
谭倩	4	3	国海证券股份有限公司
杨诚笑	5	1	天风证券股份有限公司
訾猛	6	4	国泰君安证券股份有限公司
孟杰	7	5	兴业证券股份有限公司
鲍荣富	8	4	华泰证券股份有限公司
赵中平	9	4	广发证券股份有限公司
唐笑	10	4	天风证券股份有限公司
马莉	11	3	东吴证券股份有限公司
樊俊豪	12	5	中国国际金融股份有限公司
范欣悦	13	1	中泰证券股份有限公司
夏天	14	3	国盛证券有限责任公司
杨志威	15	2	中银国际证券股份有限公司
方晏荷	16	4	华泰证券股份有限公司
雷慧华	17	3	安信证券股份有限公司
韩其成	18	3	国泰君安证券股份有限公司
濮冬燕	19	3	招商证券股份有限公司
李峙屹	20	3	上海申银万国证券研究所有限公司

在2017年5月1日至2020年4月30日这三年的期间内,持续跟踪工业—商业服务与用品行业并作出每股收益预测的分析师有96名。由表2-27、表2-28可以看出,从平均预测准确性角度来看,排在前五名的分析师分别是:天风证券股份有限公司的杨诚笑、中泰证券股份有限公司的范欣悦、中国国际金融股份有限公司的郭海燕、天风证券股份有限公司的孙亮和中银国际证券股份有限公司的杨志威。从最佳预测准确性角度来看,排在前五名的分析师分别是:华西证券股份有限公司的徐林锋、招商证券股份有限公司的郑恺、招商证券股份有限公司的李宏鹏、国海证券股份有限公司的谭倩和天风证券股份有限公司的杨诚笑。

表 2-29　三年期分析师预测准确性评价—平均表现(2017.05.01—2020.04.30)
行业:工业—资本品 1(含工业集团企业、建筑与工程、建筑产品)

分析师姓名	平均表现排名	平均跟踪股票数量	所属证券公司
朱纯阳	1	2	招商证券股份有限公司
杨 侃	2	2	民生证券股份有限公司
冯晨阳	3	2	海通证券股份有限公司
杨 侃	4	1	平安证券股份有限公司
谢 璐	5	2	广发证券股份有限公司
詹奥博	6	12	中国国际金融股份有限公司
张 晨	7	1	招商证券股份有限公司
陈羽锋	8	1	华泰证券股份有限公司
邹 戈	9	2	广发证券股份有限公司
何亚轩	10	11	国盛证券有限责任公司
姚 遥	11	14	广发证券股份有限公司
谭 倩	12	3	国海证券股份有限公司
刘 萍	13	9	粤开证券股份有限公司
颜阳春	14	6	西南证券股份有限公司
夏 天	15	18	国盛证券有限责任公司
唐 笑	16	34	天风证券股份有限公司
杨 涛	17	6	国盛证券有限责任公司
孙明新	18	2	中信证券股份有限公司
鲍荣富	19	27	华泰证券股份有限公司
程龙戈	20	10	国盛证券有限责任公司

表 2-30　三年期分析师预测准确性评价—最佳表现(2017.05.01—2020.04.30)
行业:工业—资本品 1(含工业集团企业、建筑与工程、建筑产品)

分析师姓名	最佳表现排名	平均跟踪股票数量	所属证券公司
夏 天	1	18	国盛证券有限责任公司
罗 鼎	2	13	中信证券股份有限公司
鲍荣富	3	27	华泰证券股份有限公司

(续表)

分析师姓名	最佳表现排名	平均跟踪股票数量	所属证券公司
韩其成	4	27	国泰君安证券股份有限公司
孟 杰	5	23	兴业证券股份有限公司
唐 笑	6	34	天风证券股份有限公司
李峙屹	7	14	上海申银万国证券研究所有限公司
孙伟风	8	13	光大证券股份有限公司
杨 涛	9	6	国盛证券有限责任公司
毕春晖	10	7	长江证券股份有限公司
黄道立	11	7	国信证券股份有限公司
苏多永	12	22	安信证券股份有限公司
程龙戈	13	10	国盛证券有限责任公司
黄 颖	14	11	上海申银万国证券研究所有限公司
刘 萍	15	9	粤开证券股份有限公司
何亚轩	16	11	国盛证券有限责任公司
姚 遥	17	14	广发证券股份有限公司
岳恒宇	18	33	天风证券股份有限公司
徐慧强	19	15	国泰君安证券股份有限公司
王小勇	20	17	东北证券股份有限公司

在2017年5月1日至2020年4月30日这三年的期间内,持续跟踪工业—资本品1(含工业集团企业、建筑与工程、建筑产品)行业并作出每股收益预测的分析师有61名。由表2-29、表2-30可以看出,从平均预测准确性角度来看,排在前五名的分析师分别是:招商证券股份有限公司的朱纯阳、民生证券股份有限公司的杨侃、海通证券股份有限公司的冯晨阳、平安证券股份有限公司的杨侃和广发证券股份有限公司的谢璐。从最佳预测准确性角度来看,排在前五名的分析师分别是:国盛证券有限责任公司的夏天、中信证券股份有限公司的罗鼎、华泰证券股份有限公司的鲍荣富、国泰君安证券股份有限公司的韩其成和兴业证券股份有限公司的孟杰。

表 2-31　三年期分析师预测准确性评价—平均表现(2017.05.01—2020.04.30)
行业：工业—资本品 2(机械制造)

分析师姓名	平均表现排名	平均跟踪股票数量	所属证券公司
高伊楠	1	1	长江证券股份有限公司
高 登	2	2	长江证券股份有限公司
范海波	3	3	信达证券股份有限公司
张立聪	4	1	安信证券股份有限公司
刘文平	5	1	招商证券股份有限公司
任志强	6	1	华创证券有限责任公司
徐若旭	7	1	上海申银万国证券研究所有限公司
李恒光	8	2	东北证券股份有限公司
邹玲玲	9	2	中泰证券股份有限公司
金 星	10	1	光大证券股份有限公司
曾 韬	11	1	中国国际金融股份有限公司
黄涵虚	12	1	上海证券有限责任公司
汪刘胜	13	2	招商证券股份有限公司
庞文亮	14	1	平安证券股份有限公司
甘 骏	15	1	光大证券股份有限公司
张 帅	16	2	国金证券股份有限公司
王德安	17	1	平安证券股份有限公司
李 佳	18	27	华创证券有限责任公司
王玮嘉	19	1	华泰证券股份有限公司
徐 强	20	2	国泰君安证券股份有限公司

表 2-32　三年期分析师预测准确性评价—最佳表现(2017.05.01—2020.04.30)
行业：工业—资本品 2(机械制造)

分析师姓名	最佳表现排名	平均跟踪股票数量	所属证券公司
李 佳	1	27	华创证券有限责任公司
陈显帆	2	25	东吴证券股份有限公司
刘国清	3	34	太平洋证券股份有限公司

(续表)

分析师姓名	最佳表现排名	平均跟踪股票数量	所属证券公司
黄琨	4	27	国泰君安证券股份有限公司
邹润芳	5	31	天风证券股份有限公司
冯胜	6	24	中泰证券股份有限公司
刘荣	7	37	招商证券股份有限公司
刘军	8	31	东北证券股份有限公司
满在朋	9	19	国元证券股份有限公司
鲁佩	10	26	华创证券有限责任公司
曲小溪	11	24	长城证券股份有限公司
张晗	12	21	东北证券股份有限公司
孔令鑫	13	25	中国国际金融股份有限公司
罗立波	14	32	广发证券股份有限公司
张如许	15	18	长城证券股份有限公司
贺泽安	16	15	国信证券股份有限公司
章诚	17	18	华泰证券股份有限公司
倪瑞超	18	13	上海证券有限责任公司
樊艳阳	19	11	东兴证券股份有限公司
高登	20	2	长江证券股份有限公司

在2017年5月1日至2020年4月30日这三年的期间内，持续跟踪工业—资本品2（机械制造）行业并作出每股收益预测的分析师有150名。由表2-31、表2-32可以看出，从平均预测准确性角度来看，排在前五名的分析师分别是：长江证券股份有限公司的高伊楠、长江证券股份有限公司的高登、信达证券股份有限公司的范海波、安信证券股份有限公司的张立聪和招商证券股份有限公司的刘文平。从最佳预测准确性角度来看，排在前五名的分析师分别是：华创证券有限责任公司的李佳、东吴证券股份有限公司的陈显帆、太平洋证券股份有限公司的刘国清、国泰君安证券股份有限公司的黄琨和天风证券股份有限公司的邹润芳。

表 2-33　三年期分析师预测准确性评价—平均表现（2017.05.01—2020.04.30）
行业：工业—资本品 3（环保设备、工程与服务）

分析师姓名	平均表现排名	平均跟踪股票数量	所属证券公司
孙春旭	1	2	国金证券股份有限公司
孔令鑫	2	2	中国国际金融股份有限公司
李　璇	3	1	中国国际金融股份有限公司
刘晓宁	4	8	上海申银万国证券研究所有限公司
黄秀瑜	5	9	东莞证券股份有限公司
鲍荣富	6	1	华泰证券股份有限公司
谭　倩	7	16	国海证券股份有限公司
王　璐	8	8	上海申银万国证券研究所有限公司
王　威	9	10	光大证券股份有限公司
刘　军	10	11	东北证券股份有限公司
王颖婷	11	7	西南证券股份有限公司
刘　荣	12	1	招商证券股份有限公司
陈青青	13	9	国信证券股份有限公司
李　想	14	4	中信证券股份有限公司
李文静	15	3	开源证券股份有限公司
靳晓雪	16	4	方正证券股份有限公司
洪　一	17	7	东兴证券股份有限公司
蒋昕昊	18	4	中国国际金融股份有限公司
邱懿峰	19	9	新时代证券股份有限公司
韩其成	20	1	国泰君安证券股份有限公司

表 2-34　三年期分析师预测准确性评价—最佳表现（2017.05.01—2020.04.30）
行业：工业—资本品 3（环保设备、工程与服务）

分析师姓名	最佳表现排名	平均跟踪股票数量	所属证券公司
王玮嘉	1	15	华泰证券股份有限公司
谭　倩	2	16	国海证券股份有限公司
郭　鹏	3	14	广发证券股份有限公司

(续表)

分析师姓名	最佳表现排名	平均跟踪股票数量	所属证券公司
洪 一	4	7	东兴证券股份有限公司
卢日鑫	5	6	东方证券股份有限公司
杨心成	6	10	国盛证券有限责任公司
邱懿峰	7	9	新时代证券股份有限公司
刘 军	8	11	东北证券股份有限公司
王 威	9	10	光大证券股份有限公司
刘晓宁	10	8	上海申银万国证券研究所有限公司
黄秀瑜	11	9	东莞证券股份有限公司
孔令鑫	12	2	中国国际金融股份有限公司
谢超波	13	5	东方证券股份有限公司
郭丽丽	14	7	天风证券股份有限公司
朱纯阳	15	14	招商证券股份有限公司
袁 理	16	8	东吴证券股份有限公司
陈青青	17	9	国信证券股份有限公司
王 璐	18	8	上海申银万国证券研究所有限公司
任春阳	19	10	国海证券股份有限公司
姚 键	20	9	国信证券股份有限公司

在2017年5月1日至2020年4月30日这三年的期间内,持续跟踪工业—资本品3(环保设备、工程与服务)行业并作出每股收益预测的分析师有56名。由表2-33、表2-34可以看出,从平均预测准确性角度来看,排在前五名的分析师分别是:国金证券股份有限公司的孙春旭、中国国际金融股份有限公司的孔令鑫、中国国际金融股份有限公司的李璇、上海申银万国证券研究所有限公司的刘晓宁和东莞证券股份有限公司的黄秀瑜。从最佳预测准确性角度来看,排在前五名的分析师分别是:华泰证券股份有限公司的王玮嘉、国海证券股份有限公司的谭倩、广发证券股份有限公司的郭鹏、东兴证券股份有限公司的洪一和东方证券股份有限公司的卢日鑫。

表 2-35　三年期分析师预测准确性评价—平均表现(2017.05.01—2020.04.30)
行业:工业—资本品 4(电气设备)

分析师姓名	平均表现排名	平均跟踪股票数量	所属证券公司
刘振宇	1	2	民生证券股份有限公司
潘暕	2	2	天风证券股份有限公司
佘炜超	3	2	海通证券股份有限公司
杨云	4	1	浙商证券股份有限公司
陈显帆	5	4	东吴证券股份有限公司
刘威	6	1	海通证券股份有限公司
周尔双	7	4	东吴证券股份有限公司
胡誉镜	8	1	中国国际金融股份有限公司
沈成	9	21	中银国际证券股份有限公司
贺泽安	10	2	国信证券股份有限公司
胡小禹	11	1	平安证券股份有限公司
开文明	12	19	新时代证券股份有限公司
孙远峰	13	1	华西证券股份有限公司
郑丹丹	14	13	东兴证券股份有限公司
李佳	15	2	华创证券有限责任公司
谢恒	16	1	兴业证券股份有限公司
刘海博	17	2	中信证券股份有限公司
张帅	18	5	国金证券股份有限公司
胡毅	19	24	华创证券有限责任公司
肖群稀	20	2	华泰证券股份有限公司

表 2-36　三年期分析师预测准确性评价—最佳表现(2017.05.01—2020.04.30)
行业:工业—资本品 4(电气设备)

分析师姓名	最佳表现排名	平均跟踪股票数量	所属证券公司
刘晓宁	1	23	上海申银万国证券研究所有限公司
开文明	2	19	新时代证券股份有限公司
沈成	3	21	中银国际证券股份有限公司

(续表)

分析师姓名	最佳表现排名	平均跟踪股票数量	所属证券公司
曾朵红	4	25	东吴证券股份有限公司
胡 毅	5	24	华创证券有限责任公司
韩启明	6	23	上海申银万国证券研究所有限公司
张一弛	7	21	海通证券股份有限公司
顾一弘	8	12	东北证券股份有限公司
郑丹丹	9	13	东兴证券股份有限公司
黄 斌	10	12	华泰证券股份有限公司
游家训	11	24	招商证券股份有限公司
朱 栋	12	16	平安证券股份有限公司
徐云飞	13	25	国泰君安证券股份有限公司
徐柏乔	14	15	海通证券股份有限公司
弓永峰	15	17	中信证券股份有限公司
房 青	16	12	海通证券股份有限公司
姚 遥	17	14	国金证券股份有限公司
郑嘉伟	18	23	上海申银万国证券研究所有限公司
陈显帆	19	4	东吴证券股份有限公司
邓永康	20	30	安信证券股份有限公司

在2017年5月1日至2020年4月30日这三年的期间内,持续跟踪工业—资本品4(电气设备)行业并作出每股收益预测的分析师有111名。由表2-35、表2-36可以看出,从平均预测准确性角度来看,排在前五名的分析师分别是:民生证券股份有限公司的刘振宇、天风证券股份有限公司的潘暕、海通证券股份有限公司的佘炜超、浙商证券股份有限公司的杨云和东吴证券股份有限公司的陈显帆。从最佳预测准确性角度来看,排在前五名的分析师分别是:上海申银万国证券研究所有限公司的刘晓宁、新时代证券股份有限公司的开文明、中银国际证券股份有限公司的沈成、东吴证券股份有限公司的曾朵红和华创证券有限责任公司的胡毅。

表2-37　三年期分析师预测准确性评价—平均表现(2017.05.01—2020.04.30)
行业：工业—资本品5(航空航天与国防)

分析师姓名	平均表现排名	平均跟踪股票数量	所属证券公司
石　康	1	18	兴业证券股份有限公司
马浩然	2	6	太平洋证券股份有限公司
安永平	3	1	东北证券股份有限公司
冯福章	4	9	安信证券股份有限公司
陈显帆	5	3	东吴证券股份有限公司
邹润芳	6	11	天风证券股份有限公司
王天一	7	7	东方证券股份有限公司
武雨桐	8	3	浙商证券股份有限公司
王宗超	9	10	华泰证券股份有限公司
黄　艳	10	13	兴业证券股份有限公司
冯　胜	11	2	中泰证券股份有限公司
黎韬扬	12	16	中信建投证券股份有限公司
王宇飞	13	11	中国国际金融股份有限公司
周佳莹	14	2	东吴证券股份有限公司
潘　暕	15	2	天风证券股份有限公司
张恒晅	16	10	海通证券股份有限公司
赵炳楠	17	11	广发证券股份有限公司
何　亮	18	10	华泰证券股份有限公司
李　良	19	7	中国银河证券股份有限公司
王　超	20	8	招商证券股份有限公司

表2-38　三年期分析师预测准确性评价—最佳表现(2017.05.01—2020.04.30)
行业：工业—资本品5(航空航天与国防)

分析师姓名	最佳表现排名	平均跟踪股票数量	所属证券公司
石　康	1	18	兴业证券股份有限公司
冯福章	2	9	安信证券股份有限公司
黎韬扬	3	16	中信建投证券股份有限公司

(续表)

分析师姓名	最佳表现排名	平均跟踪股票数量	所属证券公司
谭 倩	4	13	国海证券股份有限公司
邹润芳	5	11	天风证券股份有限公司
黄 艳	6	13	兴业证券股份有限公司
刘倩倩	7	10	太平洋证券股份有限公司
张恒旺	8	10	海通证券股份有限公司
蒋 俊	9	11	海通证券股份有限公司
马浩然	10	6	太平洋证券股份有限公司
刘 磊	11	11	海通证券股份有限公司
李 良	12	7	中国银河证券股份有限公司
陆 洲	13	11	东兴证券股份有限公司
王 超	14	8	招商证券股份有限公司
赵炳楠	15	11	广发证券股份有限公司
王天一	16	7	东方证券股份有限公司
卫 喆	17	7	华创证券有限责任公司
王宗超	18	10	华泰证券股份有限公司
陈鼎如	19	9	东北证券股份有限公司
何 亮	20	10	华泰证券股份有限公司

在2017年5月1日至2020年4月30日这三年的期间内,持续跟踪工业—资本品5(航空航天与国防)行业并作出每股收益预测的分析师有46名。由表2-37、表2-38可以看出,从平均预测准确性角度来看,排在前五名的分析师分别是:兴业证券股份有限公司的石康、太平洋证券股份有限公司的马浩然、东北证券股份有限公司的安永平、安信证券股份有限公司的冯福章和东吴证券股份有限公司的陈显帆。从最佳预测准确性角度来看,排在前五名的分析师分别是:兴业证券股份有限公司的石康、安信证券股份有限公司的冯福章、中信建投证券股份有限公司的黎韬扬、国海证券股份有限公司的谭倩和天风证券股份有限公司的邹润芳。

表 2-39　三年期分析师预测准确性评价—平均表现(2017.05.01—2020.04.30)
行业：电信业务—电信业务(含电信服务与通信设备)

分析师姓名	平均表现排名	平均跟踪股票数量	所属证券公司
欧阳仕华	1	2	国信证券股份有限公司
余　俊	2	6	招商证券股份有限公司
刘雪峰	3	2	广发证券股份有限公司
耿　琛	4	2	华创证券有限责任公司
潘　暕	5	4	天风证券股份有限公司
周伟佳	6	4	长城证券股份有限公司
王宇飞	7	2	中国国际金融股份有限公司
骆思远	8	1	上海申银万国证券研究所有限公司
于海宁	9	4	长江证券股份有限公司
郑泽科	10	6	中信证券股份有限公司
唐海清	11	22	天风证券股份有限公司
王奕红	12	12	天风证券股份有限公司
李亚军	13	3	国信证券股份有限公司
于威业	14	1	国信证券股份有限公司
邹润芳	15	1	天风证券股份有限公司
蔡景彦	16	5	华金证券股份有限公司
曹　亮	17	3	国联证券股份有限公司
宋嘉吉	18	7	国盛证券有限责任公司
陈宁玉	19	6	中泰证券股份有限公司
谢　恒	20	1	兴业证券股份有限公司

表 2-40　三年期分析师预测准确性评价—最佳表现(2017.05.01—2020.04.30)
行业：电信业务—电信业务(含电信服务与通信设备)

分析师姓名	最佳表现排名	平均跟踪股票数量	所属证券公司
唐海清	1	22	天风证券股份有限公司
顾海波	2	10	中信证券股份有限公司
熊　军	3	20	华西证券股份有限公司

(续表)

分析师姓名	最佳表现排名	平均跟踪股票数量	所属证券公司
朱劲松	4	14	海通证券股份有限公司
余俊	5	6	招商证券股份有限公司
陈宁玉	6	6	中泰证券股份有限公司
于海宁	7	4	长江证券股份有限公司
宋嘉吉	8	7	国盛证券有限责任公司
潘暕	9	4	天风证券股份有限公司
程成	10	16	国信证券股份有限公司
王林	11	13	华泰证券股份有限公司
李亚军	12	3	国信证券股份有限公司
周伟佳	13	4	长城证券股份有限公司
王奕红	14	12	天风证券股份有限公司
杨锟	15	8	民生证券股份有限公司
刘言	16	13	西南证券股份有限公司
欧阳仕华	17	2	国信证券股份有限公司
汪洋	18	6	国信证券股份有限公司
容志能	19	11	天风证券股份有限公司
曹亮	20	3	国联证券股份有限公司

在2017年5月1日至2020年4月30日这三年的期间内,持续跟踪电信业务—电信业务(含电信服务与通信设备)行业并作出每股收益预测的分析师有65名。由表2-39、表2-40可以看出,从平均预测准确性角度来看,排在前五名的分析师分别是:国信证券股份有限公司的欧阳仕华、招商证券股份有限公司的余俊、广发证券股份有限公司的刘雪峰、华创证券有限责任公司的耿琛和天风证券股份有限公司的潘暕。从最佳预测准确性角度来看,排在前五名的分析师分别是:天风证券股份有限公司的唐海清、中信证券股份有限公司的顾海波、华西证券股份有限公司的熊军、海通证券股份有限公司的朱劲松和招商证券股份有限公司的余俊。

表 2-41　三年期分析师预测准确性评价—平均表现(2017.05.01—2020.04.30)
行业：能源—能源

分析师姓名	平均表现排名	平均跟踪股票数量	所属证券公司
刘国清	1	2	太平洋证券股份有限公司
柳　强	2	2	太平洋证券股份有限公司
黄　琨	3	2	国泰君安证券股份有限公司
李　煜	4	1	国泰君安证券股份有限公司
刘芷君	5	1	广发证券股份有限公司
杨绍辉	6	2	中银国际证券股份有限公司
刘兰程	7	3	中国银河证券股份有限公司
谢建斌	8	5	上海申银万国证券研究所有限公司
周　泰	9	19	安信证券股份有限公司
沈　涛	10	17	广发证券股份有限公司
徐睿潇	11	4	上海申银万国证券研究所有限公司
王颖婷	12	2	西南证券股份有限公司
王　强	13	9	招商证券股份有限公司
罗　健	14	4	群益证券(香港)有限公司
任志强	15	5	华创证券有限责任公司
濮　阳	16	2	长城证券股份有限公司
李　舜	17	4	招商证券股份有限公司
王鹤涛	18	2	长江证券股份有限公司
孙羲昱	19	4	国泰君安证券股份有限公司
王西典	20	5	招商证券股份有限公司

表 2-42　三年期分析师预测准确性评价—最佳表现(2017.05.01—2020.04.30)
行业：能源—能源

分析师姓名	最佳表现排名	平均跟踪股票数量	所属证券公司
周　泰	1	19	安信证券股份有限公司
沈　涛	2	17	广发证券股份有限公司
李俊松	3	18	中泰证券股份有限公司

(续表)

分析师姓名	最佳表现排名	平均跟踪股票数量	所属证券公司
谢建斌	4	5	上海申银万国证券研究所有限公司
王强	5	9	招商证券股份有限公司
张樨樨	6	7	天风证券股份有限公司
祖国鹏	7	12	中信证券股份有限公司
黄莉莉	8	10	中信证券股份有限公司
邓勇	9	10	海通证券股份有限公司
刘兰程	10	3	中国银河证券股份有限公司
徐睿潇	11	4	上海申银万国证券研究所有限公司
任志强	12	5	华创证券有限责任公司
安鹏	13	17	广发证券股份有限公司
黄琨	14	2	国泰君安证券股份有限公司
刘国清	15	2	太平洋证券股份有限公司
罗健	16	4	群益证券(香港)有限公司
唐倩	17	3	中银国际证券股份有限公司
杨侃	18	4	民生证券股份有限公司
罗立波	19	3	广发证券股份有限公司
李舜	20	4	招商证券股份有限公司

在2017年5月1日至2020年4月30日这三年的期间内,持续跟踪能源—能源行业并作出每股收益预测的分析师有65名。由表2-41、表2-42可以看出,从平均预测准确性角度来看,排在前五名的分析师分别是:太平洋证券股份有限公司的刘国清、太平洋证券股份有限公司的柳强、国泰君安证券股份有限公司的黄琨、国泰君安证券股份有限公司的李煜和广发证券股份有限公司的刘芷君。从最佳预测准确性角度来看,排在前五名的分析师分别是:安信证券股份有限公司的周泰、广发证券股份有限公司的沈涛、中泰证券股份有限公司的李俊松、上海申银万国证券研究所有限公司的谢建斌和招商证券股份有限公司的王强。

表 2-43　三年期分析师预测准确性评价—平均表现(2017.05.01—2020.04.30)
行业:金融地产—银行

分析师姓名	平均表现排名	平均跟踪股票数量	所属证券公司
倪　军	1	9	广发证券股份有限公司
林加力	2	6	海通证券股份有限公司
廖晨凯	3	6	群益证券(香港)有限公司
戴志锋	4	24	中泰证券股份有限公司
邱冠华	5	17	浙商证券股份有限公司
马鲲鹏	6	12	上海申银万国证券研究所有限公司
刘志平	7	15	华西证券股份有限公司
郑庆明	8	11	上海申银万国证券研究所有限公司
李　晨	9	8	上海申银万国证券研究所有限公司
王　剑	10	13	国信证券股份有限公司
肖斐斐	11	13	中信证券股份有限公司
屈　俊	12	13	广发证券股份有限公司
解巍巍	13	6	海通证券股份有限公司
关　竹	14	2	信达证券股份有限公司
冉宇航	15	13	中信证券股份有限公司
廖志明	16	21	天风证券股份有限公司
林瑾璐	17	12	东兴证券股份有限公司
袁梓芳	18	13	国泰君安证券股份有限公司
李晴阳	19	9	平安证券股份有限公司
王瑶平	20	12	中国国际金融股份有限公司

表 2-44　三年期分析师预测准确性评价—最佳表现(2017.05.01—2020.04.30)
行业:金融地产—银行

分析师姓名	最佳表现排名	平均跟踪股票数量	所属证券公司
戴志锋	1	24	中泰证券股份有限公司
邱冠华	2	17	浙商证券股份有限公司
廖志明	3	21	天风证券股份有限公司

(续表)

分析师姓名	最佳表现排名	平均跟踪股票数量	所属证券公司
沈 娟	4	15	华泰证券股份有限公司
王 剑	5	13	国信证券股份有限公司
刘志平	6	15	华西证券股份有限公司
林瑾璐	7	12	东兴证券股份有限公司
肖斐斐	8	13	中信证券股份有限公司
王瑶平	9	12	中国国际金融股份有限公司
屈 俊	10	13	广发证券股份有限公司
傅慧芳	11	15	兴业证券股份有限公司
倪 军	12	9	广发证券股份有限公司
励雅敏	13	17	中银国际证券股份有限公司
廖晨凯	14	6	群益证券(香港)有限公司
冉宇航	15	13	中信证券股份有限公司
杨 荣	16	11	中信建投证券股份有限公司
郭其伟	17	10	民生证券股份有限公司
张帅帅	18	14	中国国际金融股份有限公司
马鲲鹏	19	12	上海申银万国证券研究所有限公司
马婷婷	20	9	国盛证券有限责任公司

在2017年5月1日至2020年4月30日这三年的期间内,持续跟踪金融地产—银行行业并作出每股收益预测的分析师有31名。由表2-43、表2-44可以看出,从平均预测准确性角度来看,排在前五名的分析师分别是:广发证券股份有限公司的倪军、海通证券股份有限公司的林加力、群益证券(香港)有限公司的廖晨凯、中泰证券股份有限公司的戴志锋和浙商证券股份有限公司的邱冠华。从最佳预测准确性角度来看,排在前五名的分析师分别是:中泰证券股份有限公司的戴志锋、浙商证券股份有限公司的邱冠华、天风证券股份有限公司的廖志明、华泰证券股份有限公司的沈娟和国信证券股份有限公司的王剑。

表 2-45　三年期分析师预测准确性评价—平均表现(2017.05.01—2020.04.30)
行业：金融地产—非银金融(含保险、资本市场、其他金融)

分析师姓名	平均表现排名	平均跟踪股票数量	所属证券公司
孙　婷	1	18	海通证券股份有限公司
周晶晶	2	2	长江证券股份有限公司
王瑶平	3	13	中国国际金融股份有限公司
戴志锋	4	4	中泰证券股份有限公司
蒲　寒	5	9	中国国际金融股份有限公司
傅慧芳	6	4	兴业证券股份有限公司
何　婷	7	13	海通证券股份有限公司
刘欣琦	8	19	国泰君安证券股份有限公司
葛玉翔	9	14	上海申银万国证券研究所有限公司
王丛云	10	13	上海申银万国证券研究所有限公司
陆韵婷	11	4	中泰证券股份有限公司
沈　娟	12	16	华泰证券股份有限公司
刘文强	13	7	长城证券股份有限公司
唐子佩	14	5	东方证券股份有限公司
胡　翔	15	11	东吴证券股份有限公司
马鲲鹏	16	14	上海申银万国证券研究所有限公司
王小军	17	4	信达证券股份有限公司
张　潇	18	5	东方证券股份有限公司
张译从	19	9	万联证券股份有限公司
华天行	20	10	上海申银万国证券研究所有限公司

表 2-46　三年期分析师预测准确性评价—最佳表现(2017.05.01—2020.04.30)
行业：金融地产—非银金融(含保险、资本市场、其他金融)

分析师姓名	最佳表现排名	平均跟踪股票数量	所属证券公司
孙　婷	1	18	海通证券股份有限公司
沈　娟	2	16	华泰证券股份有限公司
郑积沙	3	14	招商证券股份有限公司

(续表)

分析师姓名	最佳表现排名	平均跟踪股票数量	所属证券公司
刘文强	4	7	长城证券股份有限公司
刘欣琦	5	19	国泰君安证券股份有限公司
王瑶平	6	13	中国国际金融股份有限公司
陈 福	7	14	广发证券股份有限公司
洪锦屏	8	15	华创证券有限责任公司
傅慧芳	9	4	兴业证券股份有限公司
何 婷	10	13	海通证券股份有限公司
马鲲鹏	11	14	上海申银万国证券研究所有限公司
赵湘怀	12	21	光大证券股份有限公司
戴志锋	13	4	中泰证券股份有限公司
武平平	14	6	中国银河证券股份有限公司
高 超	15	14	国泰君安证券股份有限公司
葛玉翔	16	14	上海申银万国证券研究所有限公司
张经纬	17	12	安信证券股份有限公司
赵 耀	18	5	国盛证券有限责任公司
缴文超	19	11	万联证券股份有限公司
王丛云	20	13	上海申银万国证券研究所有限公司

在2017年5月1日至2020年4月30日这三年的期间内,持续跟踪金融地产—非银金融(含保险、资本市场、其他金融)行业并作出每股收益预测的分析师有44名。由表2-45、表2-46可以看出,从平均预测准确性角度来看,排在前五名的分析师分别是:海通证券股份有限公司的孙婷、长江证券股份有限公司的周晶晶、中国国际金融股份有限公司的王瑶平、中泰证券股份有限公司的戴志锋和中国国际金融股份有限公司的蒲寒。从最佳预测准确性角度来看,排在前五名的分析师分别是:海通证券股份有限公司的孙婷、华泰证券股份有限公司的沈娟、招商证券股份有限公司的郑积沙、长城证券股份有限公司的刘文强和国泰君安证券股份有限公司的刘欣琦。

表 2-47　三年期分析师预测准确性评价—平均表现(2017.05.01—2020.04.30)
行业:金融地产—房地产

分析师姓名	平均表现排名	平均跟踪股票数量	所属证券公司
齐　东	1	10	东吴证券股份有限公司
刘　璐	2	12	华泰证券股份有限公司
谢皓宇	3	11	国泰君安证券股份有限公司
杨　侃	4	8	平安证券股份有限公司
江宇辉	5	7	中信建投证券股份有限公司
晋　蔚	6	6	中银国际证券股份有限公司
区瑞明	7	10	国信证券股份有限公司
阎常铭	8	9	兴业证券股份有限公司
张　宇	9	21	中国国际金融股份有限公司
陈　聪	10	12	中信证券股份有限公司
涂力磊	11	34	海通证券股份有限公司
袁　豪	12	18	华创证券有限责任公司
陈　慎	13	21	华泰证券股份有限公司
陈天诚	14	14	天风证券股份有限公司
高　建	15	15	东北证券股份有限公司
乐加栋	16	15	广发证券股份有限公司
申思聪	17	8	长江证券股份有限公司
韩　笑	18	14	华泰证券股份有限公司
何敏仪	19	9	东莞证券股份有限公司
白淑媛	20	9	国泰君安证券股份有限公司

表 2-48　三年期分析师预测准确性评价—最佳表现(2017.05.01—2020.04.30)
行业:金融地产—房地产

分析师姓名	最佳表现排名	平均跟踪股票数量	所属证券公司
胡华如	1	14	西南证券股份有限公司
涂力磊	2	34	海通证券股份有限公司
高　建	3	15	东北证券股份有限公司

(续表)

分析师姓名	最佳表现排名	平均跟踪股票数量	所属证券公司
区瑞明	4	10	国信证券股份有限公司
张 宇	5	21	中国国际金融股份有限公司
阎常铭	6	9	兴业证券股份有限公司
刘 璐	7	12	华泰证券股份有限公司
何敏仪	8	9	东莞证券股份有限公司
袁 豪	9	18	华创证券有限责任公司
张云凯	10	16	东北证券股份有限公司
谢皓宇	11	11	国泰君安证券股份有限公司
齐 东	12	10	东吴证券股份有限公司
陈 聪	13	12	中信证券股份有限公司
乐加栋	14	15	广发证券股份有限公司
卜文凯	15	13	国泰君安证券股份有限公司
陈天诚	16	14	天风证券股份有限公司
由子沛	17	14	华西证券股份有限公司
申思聪	18	8	长江证券股份有限公司
陈 慎	19	21	华泰证券股份有限公司
张全国	20	11	中信证券股份有限公司

在2017年5月1日至2020年4月30日这三年的期间内,持续跟踪金融地产—房地产行业并作出每股收益预测的分析师有37名。由表2-47、表2-48可以看出,从平均预测准确性角度来看,排在前五名的分析师分别是:东吴证券股份有限公司的齐东、华泰证券股份有限公司的刘璐、国泰君安证券股份有限公司的谢皓宇、平安证券股份有限公司的杨侃和中信建投证券股份有限公司的江宇辉。从最佳预测准确性角度来看,排在前五名的分析师分别是:西南证券股份有限公司的胡华如、海通证券股份有限公司的涂力磊、东北证券股份有限公司的高建、国信证券股份有限公司的区瑞明和中国国际金融股份有限公司的张宇。

3 五年期证券分析师预测准确性评价

3.1 数据来源与样本说明

五年期证券分析师预测准确性评价的数据期间为 2015 年 5 月 1 日至 2020 年 4 月 30 日。所有分析师预测数据来源于 CSMAR 数据库,涉及指标包括分析师姓名、分析师编码、所属证券公司名称、预测公司证券代码、证券简称、预测终止日、预测每股收益及实际每股收益。

在对五年期证券分析师预测准确性进行评价时,我们对分析师初始研究报告及预测数据按照如下原则进行剔除:(1)剔除针对非 A 股上市公司的研究报告;(2)剔除未对公司每股收益进行预测的研究报告;(3)分析师同一预测期间内进行多次每股收益预测时,保留该预测期间内最后一次每股收益预测;(4)同一研究报告中对未来多期每股收益进行预测时,保留最近一期每股收益预测。此外,在五年期证券分析师预测准确性评价中,我们仅对连续在行业内执业满五年的分析师进行了排名。

经上述筛选后,我们最终得到参与五年期证券分析师准确性评价的分析师共 501 名。其中,主要消费—食品、饮料与烟草(除农牧渔产品)行业 28 名、信息技术—信息技术(含半导体、计算机及电子设备、计算机运用)行业 122 名、公用事业—公用事业行业 20 名、医药卫生—医药卫生(含医疗器械与服务、医药生物)行业 48 名、原材料—原材料 1(含化学制品、化学原料)行业 61 名、原材料—原材料 2(含建筑材料、有色金属、钢铁、非金属采矿及制品)行业 45 名、原材料—轻工(含家庭与个人用品、容器与包装、纸类与林业产品)行业 30 名、可选消费—传媒行业 22 名、可选消费—汽车与汽车零部件行业 34 名、可选消费—消费者服务、耐用消费品与服装行业 77 名、可选消费—零售业行业 19 名、工业—交通运输行业 19 名、工业—商业服务与用品行业 41 名、工业—资本品 1(含工业集团企业、建筑与工程、建筑产品)行业 27 名、工业—资本品 2(机械制造)行业 57 名、工业—资本品 4(电气设备)行业 35 名、工业—资本品 5(航空航天与国防)行业 10 名、电信业务—电信业务(含电信服务与通信设备)行业19名、能源—能源行业30名、金融地产—银行行业10名、金融地产—非银金融(含保险、资本市场、其他金融)行业20名、金融地产—房地产行业19名①。

3.2 五年期证券分析师预测准确性评价结果

我们按照第一章介绍的计算方法,首先计算出各行业内每位分析师各年度每股收益预测的平均表现得分及最佳表现得分,在此基础上对分析师在行业内五年表现(平均表现和最佳表现两个维度)得分求平均,按照五年平均标准分由低到高进行排序②,若标准分相同,平均跟踪行业公司数量多的优先,若仍相同,按分析师姓名排序。按上述方法得到五年期的分行业证券分析师预测准确性排名如下,因篇幅所限,我们只列示了各行业内排名前10名的分析师,若不足10名,则全部列示。

表3-1　五年期分析师预测准确性评价—平均表现(2015.05.01—2020.04.30)
行业:主要消费—食品、饮料与烟草(除农牧渔产品)

分析师姓名	平均表现排名	平均跟踪股票数量	所属证券公司③
文　献	1	20	平安证券股份有限公司
于　杰	2	21	民生证券股份有限公司
苏　铖	3	23	安信证券股份有限公司
李　强	4	30	东北证券股份有限公司
薛玉虎	5	23	方正证券股份有限公司
董广阳	6	23	华创证券有限责任公司
汤玮亮	7	15	中银国际证券股份有限公司
王永锋	8	25	广发证券股份有限公司
朱会振	9	21	西南证券股份有限公司
张宇光	10	16	开源证券股份有限公司

---

① 因存在同一分析师跟踪不同行业的情况,因此证券分析师总数与各行业分析师数量加总数不一致。
② 标准分越低,预测误差相对越小,预测准确度相对越高。
③ 所属证券公司信息为分析师2015.05.01—2020.04.30期间最后一次发布报告时所处的证券公司,下同。

表 3-2　五年期分析师预测准确性评价—最佳表现(2015.05.01—2020.04.30)
行业：主要消费—食品、饮料与烟草(除农牧渔产品)

分析师姓名	最佳表现排名	平均跟踪股票数量	所属证券公司
董广阳	1	23	华创证券有限责任公司
薛玉虎	2	23	方正证券股份有限公司
苏铖	3	23	安信证券股份有限公司
文献	4	20	平安证券股份有限公司
余春生	5	27	国海证券股份有限公司
王永锋	6	25	广发证券股份有限公司
李强	7	30	东北证券股份有限公司
朱会振	8	21	西南证券股份有限公司
黄付生	9	37	太平洋证券股份有限公司
杨勇胜	10	23	招商证券股份有限公司

在 2015 年 5 月 1 日至 2020 年 4 月 30 日这五年的期间内，持续跟踪主要消费—食品、饮料与烟草(除农牧渔产品)行业并作出每股收益预测的分析师有 28 名。由表 3-1、表 3-2 可以看出，从平均预测准确性角度来看，排在前五名的分析师分别是：平安证券股份有限公司的文献、民生证券股份有限公司的于杰、安信证券股份有限公司的苏铖、东北证券股份有限公司的李强和方正证券股份有限公司的薛玉虎。从最佳预测准确性角度来看，排在前五名的分析师分别是：华创证券有限责任公司的董广阳、方正证券股份有限公司的薛玉虎、安信证券股份有限公司的苏铖、平安证券股份有限公司的文献和国海证券股份有限公司的余春生。

表 3-3　五年期分析师预测准确性评价—平均表现(2015.05.01—2020.04.30)
行业：信息技术—信息技术(含半导体、计算机及电子设备、计算机运用)

分析师姓名	平均表现排名	平均跟踪股票数量	所属证券公司
陈彦	1	2	中国国际金融股份有限公司
刘晓宁	2	4	上海申银万国证券研究所有限公司
郭丽丽	3	1	天风证券股份有限公司
肖明亮	4	10	广州广证恒生证券投资咨询有限公司
顾海波	5	9	中信证券股份有限公司
董宇博	6	2	中国国际金融股份有限公司

(续表)

分析师姓名	平均表现排名	平均跟踪股票数量	所属证券公司
刘 荣	7	3	招商证券股份有限公司
曲小溪	8	6	长城证券股份有限公司
孔令鑫	9	7	中国国际金融股份有限公司
顾 晟	10	3	国盛证券有限责任公司

表3-4 五年期分析师预测准确性评价—最佳表现(2015.05.01—2020.04.30)
行业：信息技术—信息技术(含半导体、计算机及电子设备、计算机运用)

分析师姓名	最佳表现排名	平均跟踪股票数量	所属证券公司
胡又文	1	64	安信证券股份有限公司
郑宏达	2	36	海通证券股份有限公司
许兴军	3	25	广发证券股份有限公司
何 晨	4	17	财信证券有限责任公司
刘雪峰	5	28	广发证券股份有限公司
刘 洋	6	25	上海申银万国证券研究所有限公司
孙远峰	7	22	华西证券股份有限公司
沈海兵	8	31	天风证券股份有限公司
顾海波	9	9	中信证券股份有限公司
肖明亮	10	10	广州广证恒生证券投资咨询有限公司

在2015年5月1日至2020年4月30日这五年的期间内，持续跟踪信息技术—信息技术(含半导体、计算机及电子设备、计算机运用)行业并作出每股收益预测的分析师有122名。由表3-3、表3-4可以看出，从平均预测准确性角度来看，排在前五名的分析师分别是：中国国际金融股份有限公司的陈彦、上海申银万国证券研究所有限公司的刘晓宁、天风证券股份有限公司的郭丽丽、广州广证恒生证券投资咨询有限公司的肖明亮和中信证券股份有限公司的顾海波。从最佳预测准确性角度来看，排在前五名的分析师分别是：安信证券股份有限公司的胡又文、海通证券股份有限公司的郑宏达、广发证券股份有限公司的许兴军、财信证券有限责任公司的何晨和广发证券股份有限公司的刘雪峰。

表 3-5　五年期分析师预测准确性评价—平均表现(2015.05.01—2020.04.30)
行业:公用事业—公用事业

分析师姓名	平均表现排名	平均跟踪股票数量	所属证券公司
袁　理	1	1	东吴证券股份有限公司
刘晓宁	2	28	上海申银万国证券研究所有限公司
沈　成	3	2	中银国际证券股份有限公司
冀丽俊	4	5	上海证券有限责任公司
郭　鹏	5	10	广发证券股份有限公司
汪　洋	6	7	兴业证券股份有限公司
王　璐	7	26	上海申银万国证券研究所有限公司
王颖婷	8	6	西南证券股份有限公司
邵琳琳	9	8	安信证券股份有限公司
郭丽丽	10	9	天风证券股份有限公司

表 3-6　五年期分析师预测准确性评价—最佳表现(2015.05.01—2020.04.30)
行业:公用事业—公用事业

分析师姓名	最佳表现排名	平均跟踪股票数量	所属证券公司
刘晓宁	1	28	上海申银万国证券研究所有限公司
王　璐	2	26	上海申银万国证券研究所有限公司
汪　洋	3	7	兴业证券股份有限公司
郭丽丽	4	9	天风证券股份有限公司
郭　鹏	5	10	广发证券股份有限公司
朱纯阳	6	10	招商证券股份有限公司
邵琳琳	7	8	安信证券股份有限公司
万　炜	8	11	中信建投证券股份有限公司
王颖婷	9	6	西南证券股份有限公司
冀丽俊	10	5	上海证券有限责任公司

在 2015 年 5 月 1 日至 2020 年 4 月 30 日这五年的期间内,持续跟踪公用事业—公用事业行业并作出每股收益预测的分析师有 20 名。由表 3-5、表 3-6 可以看出,从平均预测准确性角度来看,排在前五名的分析师分别是:东吴证券股份有

限公司的袁理、上海申银万国证券研究所有限公司的刘晓宁、中银国际证券股份有限公司的沈成、上海证券有限责任公司的冀丽俊和广发证券股份有限公司的郭鹏。从最佳预测准确性角度来看,排在前五名的分析师分别是:上海申银万国证券研究所有限公司的刘晓宁、上海申银万国证券研究所有限公司的王璐、兴业证券股份有限公司的汪洋、天风证券股份有限公司的郭丽丽和广发证券股份有限公司的郭鹏。

表3-7 五年期分析师预测准确性评价—平均表现(2015.05.01—2020.04.30)
行业:医药卫生—医药卫生(含医疗器械与服务、医药生物)

分析师姓名	平均表现排名	平均跟踪股票数量	所属证券公司
刘雪峰	1	1	广发证券股份有限公司
吴 立	2	7	天风证券股份有限公司
赵浩然	3	8	长城证券股份有限公司
邹 朋	4	36	中国国际金融股份有限公司
胡又文	5	2	安信证券股份有限公司
唐爱金	6	15	广州广证恒生证券投资咨询有限公司
丁 丹	7	41	国泰君安证券股份有限公司
李敬雷	8	22	国金证券股份有限公司
郝 彪	9	1	东吴证券股份有限公司
孙金钜	10	2	新时代证券股份有限公司

表3-8 五年期分析师预测准确性评价—最佳表现(2015.05.01—2020.04.30)
行业:医药卫生—医药卫生(含医疗器械与服务、医药生物)

分析师姓名	最佳表现排名	平均跟踪股票数量	所属证券公司
朱国广	1	76	西南证券股份有限公司
李敬雷	2	22	国金证券股份有限公司
叶 寅	3	32	平安证券股份有限公司
徐佳熹	4	62	兴业证券股份有限公司
丁 丹	5	41	国泰君安证券股份有限公司
崔文亮	6	33	华西证券股份有限公司
邹 朋	7	36	中国国际金融股份有限公司
邓周宇	8	21	中银国际证券股份有限公司
余文心	9	40	海通证券股份有限公司
胡博新	10	23	东兴证券股份有限公司

在 2015 年 5 月 1 日至 2020 年 4 月 30 日这五年的期间内,持续跟踪医药卫生—医药卫生(含医疗器械与服务、医药生物)行业并作出每股收益预测的分析师有 48 名。由表 3-7、表 3-8 可以看出,从平均预测准确性角度来看,排在前五名的分析师分别是:广发证券股份有限公司的刘雪峰、天风证券股份有限公司的吴立、长城证券股份有限公司的赵浩然、中国国际金融股份有限公司的邹朋和安信证券股份有限公司的胡又文。从最佳预测准确性角度来看,排在前五名的分析师分别是:西南证券股份有限公司的朱国广、国金证券股份有限公司的李敬雷、平安证券股份有限公司的叶寅、兴业证券股份有限公司的徐佳熹和国泰君安证券股份有限公司的丁丹。

表 3-9 五年期分析师预测准确性评价—平均表现(2015.05.01—2020.04.30)
行业:原材料—原材料 1(含化学制品、化学原料)

分析师姓名	平均表现排名	平均跟踪股票数量	所属证券公司
杨 云	1	4	浙商证券股份有限公司
邹 戈	2	4	广发证券股份有限公司
游家训	3	2	招商证券股份有限公司
曾朵红	4	2	东吴证券股份有限公司
胡 毅	5	1	华创证券有限责任公司
王 强	6	8	招商证券股份有限公司
周 铮	7	23	招商证券股份有限公司
谢 璐	8	4	广发证券股份有限公司
段一帆	9	18	招商证券股份有限公司
李 璇	10	21	中国国际金融股份有限公司

表 3-10 五年期分析师预测准确性评价—最佳表现(2015.05.01—2020.04.30)
行业:原材料—原材料 1(含化学制品、化学原料)

分析师姓名	最佳表现排名	平均跟踪股票数量	所属证券公司
周 铮	1	23	招商证券股份有限公司
马 太	2	13	长江证券股份有限公司
代鹏举	3	26	国海证券股份有限公司
刘 威	4	63	海通证券股份有限公司
刘 曦	5	19	华泰证券股份有限公司

(续表)

分析师姓名	最佳表现排名	平均跟踪股票数量	所属证券公司
邹 戈	6	4	广发证券股份有限公司
黄莉莉	7	15	中信证券股份有限公司
王席鑫	8	20	国盛证券有限责任公司
杨 伟	9	26	华西证券股份有限公司
杨 林	10	24	西南证券股份有限公司

在2015年5月1日至2020年4月30日这五年的期间内,持续跟踪原材料—原材料1(含化学制品、化学原料)行业并作出每股收益预测的分析师有61名。由表3-9、表3-10可以看出,从平均预测准确性角度来看,排在前五名的分析师分别是:浙商证券股份有限公司的杨云、广发证券股份有限公司的邹戈、招商证券股份有限公司的游家训、东吴证券股份有限公司的曾朵红和华创证券有限责任公司的胡毅。从最佳预测准确性角度来看,排在前五名的分析师分别是:招商证券股份有限公司的周铮、长江证券股份有限公司的马太、国海证券股份有限公司的代鹏举、海通证券股份有限公司的刘威和华泰证券股份有限公司的刘曦。

表3-11 五年期分析师预测准确性评价—平均表现(2015.05.01—2020.04.30)
行业:原材料—原材料2(含建筑材料、有色金属、钢铁、非金属采矿及制品)

分析师姓名	平均表现排名	平均跟踪股票数量	所属证券公司
王招华	1	8	光大证券股份有限公司
笃 慧	2	20	中泰证券股份有限公司
廖 淦	3	2	国金证券股份有限公司
陈 彦	4	30	中国国际金融股份有限公司
李华丰	5	9	兴业证券股份有限公司
范海波	6	13	信达证券股份有限公司
鲍荣富	7	11	华泰证券股份有限公司
邹 戈	8	8	广发证券股份有限公司
王鹤涛	9	19	长江证券股份有限公司
徐若旭	10	12	上海申银万国证券研究所有限公司

表 3-12　五年期分析师预测准确性评价—最佳表现(2015.05.01—2020.04.30)
行业:原材料—原材料 2(含建筑材料、有色金属、钢铁、非金属采矿及制品)

分析师姓名	最佳表现排名	平均跟踪股票数量	所属证券公司
任志强	1	35	华创证券有限责任公司
鲍雁辛	2	22	国泰君安证券股份有限公司
陈彦	3	30	中国国际金融股份有限公司
邱祖学	4	38	兴业证券股份有限公司
鲍荣富	5	11	华泰证券股份有限公司
范海波	6	13	信达证券股份有限公司
杨诚笑	7	21	天风证券股份有限公司
巨国贤	8	21	广发证券股份有限公司
笃慧	9	20	中泰证券股份有限公司
刘华峰	10	18	国泰君安证券股份有限公司

在 2015 年 5 月 1 日至 2020 年 4 月 30 日这五年的期间内,持续跟踪原材料—原材料 2(含建筑材料、有色金属、钢铁、非金属采矿及制品)行业并作出每股收益预测的分析师有 45 名。由表 3-11、表 3-12 可以看出,从平均预测准确性角度来看,排在前五名的分析师分别是:光大证券股份有限公司的王招华、中泰证券股份有限公司的笃慧、国金证券股份有限公司的廖淦、中国国际金融股份有限公司的陈彦和兴业证券股份有限公司的李华丰。从最佳预测准确性角度来看,排在前五名的分析师分别是:华创证券有限责任公司的任志强、国泰君安证券股份有限公司的鲍雁辛、中国国际金融股份有限公司的陈彦、兴业证券股份有限公司的邱祖学和华泰证券股份有限公司的鲍荣富。

表 3-13　五年期分析师预测准确性评价—平均表现(2015.05.01—2020.04.30)
行业:原材料—轻工(含家庭与个人用品、容器与包装、纸类与林业产品)

分析师姓名	平均表现排名	平均跟踪股票数量	所属证券公司
樊俊豪	1	7	中国国际金融股份有限公司
邹戈	2	2	广发证券股份有限公司
周海晨	3	9	上海申银万国证券研究所有限公司
徐林锋	4	6	华西证券股份有限公司
訾猛	5	3	国泰君安证券股份有限公司

(续表)

分析师姓名	平均表现排名	平均跟踪股票数量	所属证券公司
施红梅	6	2	东方证券股份有限公司
姜 浩	7	5	浙商证券股份有限公司
鲍雁辛	8	2	国泰君安证券股份有限公司
杨志威	9	4	中银国际证券股份有限公司
洪 涛	10	2	广发证券股份有限公司

表3-14　五年期分析师预测准确性评价—最佳表现(2015.05.01—2020.04.30)
行业:原材料—轻工(含家庭与个人用品、容器与包装、纸类与林业产品)

分析师姓名	最佳表现排名	平均跟踪股票数量	所属证券公司
周海晨	1	9	上海申银万国证券研究所有限公司
樊俊豪	2	7	中国国际金融股份有限公司
徐林锋	3	6	华西证券股份有限公司
屠亦婷	4	9	上海申银万国证券研究所有限公司
郑 恺	5	11	招商证券股份有限公司
穆方舟	6	8	国泰君安证券股份有限公司
杨志威	7	4	中银国际证券股份有限公司
范张翔	8	8	天风证券股份有限公司
陈羽锋	9	6	华泰证券股份有限公司
鄢 鹏	10	4	长江证券股份有限公司

在2015年5月1日至2020年4月30日这五年的期间内,持续跟踪原材料—轻工(含家庭与个人用品、容器与包装、纸类与林业产品)行业并作出每股收益预测的分析师有30名。由表3-13、表3-14可以看出,从平均预测准确性角度来看,排在前五名的分析师分别是:中国国际金融股份有限公司的樊俊豪、广发证券股份有限公司的邹戈、上海申银万国证券研究所有限公司的周海晨、华西证券股份有限公司的徐林锋和国泰君安证券股份有限公司的訾猛。从最佳预测准确性角度来看,排在前五名的分析师分别是:上海申银万国证券研究所有限公司的周海晨、中国国际金融股份有限公司的樊俊豪、华西证券股份有限公司的徐林锋、上海申银万国证券研究所有限公司的屠亦婷和招商证券股份有限公司的郑恺。

表 3-15 五年期分析师预测准确性评价—平均表现(2015.05.01—2020.04.30)
行业:可选消费—传媒

分析师姓名	平均表现排名	平均跟踪股票数量	所属证券公司
孟 玮	1	15	中国国际金融股份有限公司
文 浩	2	9	天风证券股份有限公司
顾 晟	3	2	国盛证券有限责任公司
康雅雯	4	12	中泰证券股份有限公司
方光照	5	3	中银国际证券股份有限公司
旷 实	6	11	广发证券股份有限公司
丁婉贝	7	17	兴业证券股份有限公司
刘 言	8	14	西南证券股份有限公司
林起贤	9	4	上海申银万国证券研究所有限公司
杨仁文	10	7	方正证券股份有限公司

表 3-16 五年期分析师预测准确性评价—最佳表现(2015.05.01—2020.04.30)
行业:可选消费—传媒

分析师姓名	最佳表现排名	平均跟踪股票数量	所属证券公司
孟 玮	1	15	中国国际金融股份有限公司
丁婉贝	2	17	兴业证券股份有限公司
张 衡	3	16	国信证券股份有限公司
康雅雯	4	12	中泰证券股份有限公司
陈 筱	5	14	国泰君安证券股份有限公司
文 浩	6	9	天风证券股份有限公司
刘 言	7	14	西南证券股份有限公司
顾 佳	8	9	招商证券股份有限公司
郝艳辉	9	15	海通证券股份有限公司
钟 奇	10	26	民生证券股份有限公司

在2015年5月1日至2020年4月30日这五年的期间内,持续跟踪可选消费—传媒行业并作出每股收益预测的分析师有22名。由表3-15、表3-16可以看出,从平均预测准确性角度来看,排在前五名的分析师分别是:中国国际金融股份

有限公司的孟玮、天风证券股份有限公司的文浩、国盛证券有限责任公司的顾晟、中泰证券股份有限公司的康雅雯和中银国际证券股份有限公司的方光照。从最佳预测准确性角度来看,排在前五名的分析师分别是:中国国际金融股份有限公司的孟玮、兴业证券股份有限公司的丁婉贝、国信证券股份有限公司的张衡、中泰证券股份有限公司的康雅雯和国泰君安证券股份有限公司的陈筱。

表3-17 五年期分析师预测准确性评价—平均表现(2015.05.01—2020.04.30)
行业:可选消费—汽车与汽车零部件

分析师姓名	平均表现排名	平均跟踪股票数量	所属证券公司
曾朵红	1	2	东吴证券股份有限公司
王鹏	2	2	浙商证券股份有限公司
陈俊斌	3	19	中信证券股份有限公司
奉玮	4	26	中国国际金融股份有限公司
徐凌羽	5	6	民生证券股份有限公司
汪刘胜	6	18	招商证券股份有限公司
王德安	7	17	平安证券股份有限公司
刘洋	8	15	西南证券股份有限公司
刘威	9	2	海通证券股份有限公司
于特	10	21	方正证券股份有限公司

表3-18 五年期分析师预测准确性评价—最佳表现(2015.05.01—2020.04.30)
行业:可选消费—汽车与汽车零部件

分析师姓名	最佳表现排名	平均跟踪股票数量	所属证券公司
邓学	1	20	天风证券股份有限公司
刘洋	2	15	西南证券股份有限公司
汪刘胜	3	18	招商证券股份有限公司
姜雪晴	4	14	东方证券股份有限公司
彭勇	5	19	财通证券股份有限公司
奉玮	6	26	中国国际金融股份有限公司
林帆	7	13	华金证券股份有限公司
陈俊斌	8	19	中信证券股份有限公司
于特	9	21	方正证券股份有限公司
梁超	10	15	国信证券股份有限公司

在2015年5月1日至2020年4月30日这五年的期间内,持续跟踪可选消费—汽车与汽车零部件行业并作出每股收益预测的分析师有34名。由表3-17、表3-18可以看出,从平均预测准确性角度来看,排在前五名的分析师分别是:东吴证券股份有限公司的曾朵红、浙商证券股份有限公司的王鹏、中信证券股份有限公司的陈俊斌、中国国际金融股份有限公司的奉玮和民生证券股份有限公司的徐凌羽。从最佳预测准确性角度来看,排在前五名的分析师分别是:天风证券股份有限公司的邓学、西南证券股份有限公司的刘洋、招商证券股份有限公司的汪刘胜、东方证券股份有限公司的姜雪晴和财通证券股份有限公司的彭勇。

表3-19 五年期分析师预测准确性评价—平均表现(2015.05.01—2020.04.30)
行业:可选消费—消费者服务、耐用消费品与服装

分析师姓名	平均表现排名	平均跟踪股票数量	所属证券公司
唐佳睿	1	5	光大证券股份有限公司
樊俊豪	2	6	中国国际金融股份有限公司
洪 涛	3	3	广发证券股份有限公司
何 伟	4	21	中国国际金融股份有限公司
安 鹏	5	14	广发证券股份有限公司
王宇飞	6	1	中国国际金融股份有限公司
王凌涛	7	2	太平洋证券股份有限公司
王 鹏	8	1	浙商证券股份有限公司
杨志威	9	7	中银国际证券股份有限公司
訾 猛	10	4	国泰君安证券股份有限公司

表3-20 五年期分析师预测准确性评价—最佳表现(2015.05.01—2020.04.30)
行业:可选消费—消费者服务、耐用消费品与服装

分析师姓名	最佳表现排名	平均跟踪股票数量	所属证券公司
糜韩杰	1	22	广发证券股份有限公司
姜 娅	2	14	中信证券股份有限公司
张立聪	3	20	安信证券股份有限公司
施红梅	4	23	东方证券股份有限公司
曾 光	5	17	国信证券股份有限公司
钱 建	6	15	国联证券股份有限公司

(续表)

分析师姓名	最佳表现排名	平均跟踪股票数量	所属证券公司
李婕	7	32	光大证券股份有限公司
郭海燕	8	29	中国国际金融股份有限公司
鞠兴海	9	15	国盛证券有限责任公司
唐佳睿	10	5	光大证券股份有限公司

在 2015 年 5 月 1 日至 2020 年 4 月 30 日这五年的期间内,持续跟踪可选消费—消费者服务、耐用消费品与服装行业并作出每股收益预测的分析师有 77 名。由表 3-19、表 3-20 可以看出,从平均预测准确性角度来看,排在前五名的分析师分别是:光大证券股份有限公司的唐佳睿、中国国际金融股份有限公司的樊俊豪、广发证券股份有限公司的洪涛、中国国际金融股份有限公司的何伟和广发证券股份有限公司的安鹏。从最佳预测准确性角度来看,排在前五名的分析师分别是:广发证券股份有限公司的糜韩杰、中信证券股份有限公司的姜娅、安信证券股份有限公司的张立聪、东方证券股份有限公司的施红梅和国信证券股份有限公司的曾光。

表 3-21 五年期分析师预测准确性评价—平均表现(2015.05.01—2020.04.30)
行业:可选消费—零售业

分析师姓名	平均表现排名	平均跟踪股票数量	所属证券公司
唐佳睿	1	28	光大证券股份有限公司
李跃博	2	2	兴业证券股份有限公司
訾猛	3	16	国泰君安证券股份有限公司
周海晨	4	2	上海申银万国证券研究所有限公司
李婕	5	2	光大证券股份有限公司
徐晓芳	6	10	中信证券股份有限公司
洪涛	7	15	广发证券股份有限公司
汪立亭	8	15	海通证券股份有限公司
樊俊豪	9	12	中国国际金融股份有限公司
李锦	10	9	长江证券股份有限公司

表 3-22　五年期分析师预测准确性评价—最佳表现(2015.05.01—2020.04.30)
行业:可选消费—零售业

分析师姓名	最佳表现排名	平均跟踪股票数量	所属证券公司
訾　猛	1	16	国泰君安证券股份有限公司
唐佳睿	2	28	光大证券股份有限公司
刘章明	3	16	天风证券股份有限公司
汪立亭	4	15	海通证券股份有限公司
洪　涛	5	15	广发证券股份有限公司
徐晓芳	6	10	中信证券股份有限公司
樊俊豪	7	12	中国国际金融股份有限公司
陈彦辛	8	13	国泰君安证券股份有限公司
李　锦	9	9	长江证券股份有限公司
彭　毅	10	6	中泰证券股份有限公司

在2015年5月1日至2020年4月30日这五年的期间内,持续跟踪可选消费—零售业行业并作出每股收益预测的分析师有19名。由表3-21、表3-22可以看出,从平均预测准确性角度来看,排在前五名的分析师分别是:光大证券股份有限公司的唐佳睿、兴业证券股份有限公司的李跃博、国泰君安证券股份有限公司的訾猛、上海申银万国证券研究所有限公司的周海晨和光大证券股份有限公司的李婕。从最佳预测准确性角度来看,排在前五名的分析师分别是:国泰君安证券股份有限公司的訾猛、光大证券股份有限公司的唐佳睿、天风证券股份有限公司的刘章明、海通证券股份有限公司的汪立亭和广发证券股份有限公司的洪涛。

表 3-23　五年期分析师预测准确性评价—平均表现(2015.05.01—2020.04.30)
行业:工业—交通运输

分析师姓名	平均表现排名	平均跟踪股票数量	所属证券公司
郑　武	1	13	国泰君安证券股份有限公司
杨　鑫	2	30	中国国际金融股份有限公司
岳　鑫	3	7	国泰君安证券股份有限公司
苏宝亮	4	22	招商证券股份有限公司
沈晓峰	5	22	华泰证券股份有限公司
龚　里	6	28	兴业证券股份有限公司

(续表)

分析师姓名	平均表现排名	平均跟踪股票数量	所属证券公司
姜 明	7	25	天风证券股份有限公司
吴一凡	8	21	华创证券有限责任公司
韩轶超	9	18	长江证券股份有限公司
刘 正	10	16	中信证券股份有限公司

表 3-24　五年期分析师预测准确性评价—最佳表现(2015.05.01—2020.04.30)
行业：工业—交通运输

分析师姓名	最佳表现排名	平均跟踪股票数量	所属证券公司
杨 鑫	1	30	中国国际金融股份有限公司
龚 里	2	28	兴业证券股份有限公司
苏宝亮	3	22	招商证券股份有限公司
刘 正	4	16	中信证券股份有限公司
沈晓峰	5	22	华泰证券股份有限公司
吴一凡	6	21	华创证券有限责任公司
郑 武	7	13	国泰君安证券股份有限公司
姜 明	8	25	天风证券股份有限公司
韩轶超	9	18	长江证券股份有限公司
张晓云	10	14	兴业证券股份有限公司

在 2015 年 5 月 1 日至 2020 年 4 月 30 日这五年的期间内，持续跟踪工业—交通运输行业并作出每股收益预测的分析师有 19 名。由表 3-23、表 3-24 可以看出，从平均预测准确性角度来看，排在前五名的分析师分别是：国泰君安证券股份有限公司的郑武、中国国际金融股份有限公司的杨鑫、国泰君安证券股份有限公司的岳鑫、招商证券股份有限公司的苏宝亮和华泰证券股份有限公司的沈晓峰。从最佳预测准确性角度来看，排在前五名的分析师分别是：中国国际金融股份有限公司的杨鑫、兴业证券股份有限公司的龚里、招商证券股份有限公司的苏宝亮、中信证券股份有限公司的刘正和华泰证券股份有限公司的沈晓峰。

表 3-25　五年期分析师预测准确性评价—平均表现(2015.05.01—2020.04.30)
行业:工业—商业服务与用品

分析师姓名	平均表现排名	平均跟踪股票数量	所属证券公司
祖国鹏	1	1	中信证券股份有限公司
郭海燕	2	2	中国国际金融股份有限公司
谭倩	3	3	国海证券股份有限公司
訾猛	4	4	国泰君安证券股份有限公司
杨志威	5	2	中银国际证券股份有限公司
鲍荣富	6	4	华泰证券股份有限公司
徐林锋	7	4	华西证券股份有限公司
刘言	8	1	西南证券股份有限公司
花小伟	9	4	中信建投证券股份有限公司
沈晓峰	10	1	华泰证券股份有限公司

表 3-26　五年期分析师预测准确性评价—最佳表现(2015.05.01—2020.04.30)
行业:工业—商业服务与用品

分析师姓名	最佳表现排名	平均跟踪股票数量	所属证券公司
谭倩	1	3	国海证券股份有限公司
徐林锋	2	4	华西证券股份有限公司
訾猛	3	4	国泰君安证券股份有限公司
樊俊豪	4	5	中国国际金融股份有限公司
鲍荣富	5	4	华泰证券股份有限公司
夏天	6	4	国盛证券有限责任公司
唐笑	7	5	天风证券股份有限公司
花小伟	8	4	中信建投证券股份有限公司
孟杰	9	6	兴业证券股份有限公司
郭海燕	10	2	中国国际金融股份有限公司

在 2015 年 5 月 1 日至 2020 年 4 月 30 日这五年的期间内,持续跟踪工业—商业服务与用品行业并作出每股收益预测的分析师有 41 名。由表 3-25、表 3-26 可以看出,从平均预测准确性角度来看,排在前五名的分析师分别是:中信证券股

份有限公司的祖国鹏、中国国际金融股份有限公司的郭海燕、国海证券股份有限公司的谭倩、国泰君安证券股份有限公司的訾猛和中银国际证券股份有限公司的杨志威。从最佳预测准确性角度来看，排在前五名的分析师分别是：国海证券股份有限公司的谭倩、华西证券股份有限公司的徐林锋、国泰君安证券股份有限公司的訾猛、中国国际金融股份有限公司的樊俊豪和华泰证券股份有限公司的鲍荣富。

表3-27　五年期分析师预测准确性评价—平均表现（2015.05.01—2020.04.30）
行业：工业—资本品1（含工业集团企业、建筑与工程、建筑产品）

分析师姓名	平均表现排名	平均跟踪股票数量	所属证券公司
杨　侃	1	2	民生证券股份有限公司
邹　戈	2	3	广发证券股份有限公司
谢　璐	3	2	广发证券股份有限公司
夏　天	4	22	国盛证券有限责任公司
杨　涛	5	12	国盛证券有限责任公司
王小勇	6	18	东北证券股份有限公司
鲍荣富	7	27	华泰证券股份有限公司
李华丰	8	4	兴业证券股份有限公司
杨　侃	9	1	平安证券股份有限公司
孟　杰	10	25	兴业证券股份有限公司

表3-28　五年期分析师预测准确性评价—最佳表现（2015.05.01—2020.04.30）
行业：工业—资本品1（含工业集团企业、建筑与工程、建筑产品）

分析师姓名	最佳表现排名	平均跟踪股票数量	所属证券公司
夏　天	1	22	国盛证券有限责任公司
孟　杰	2	25	兴业证券股份有限公司
鲍荣富	3	27	华泰证券股份有限公司
唐　笑	4	31	天风证券股份有限公司
杨　涛	5	12	国盛证券有限责任公司
王小勇	6	18	东北证券股份有限公司
徐慧强	7	14	国泰君安证券股份有限公司

(续表)

分析师姓名	最佳表现排名	平均跟踪股票数量	所属证券公司
李华丰	8	4	兴业证券股份有限公司
李峙屹	9	15	上海申银万国证券研究所有限公司
杜市伟	10	12	海通证券股份有限公司

在2015年5月1日至2020年4月30日这五年的期间内,持续跟踪工业—资本品1(含工业集团企业、建筑与工程、建筑产品)行业并作出每股收益预测的分析师有27名。由表3-27、表3-28可以看出,从平均预测准确性角度来看,排在前五名的分析师分别是:民生证券股份有限公司的杨侃、广发证券股份有限公司的邹戈、广发证券股份有限公司的谢璐、国盛证券有限责任公司的夏天和国盛证券有限责任公司的杨涛。从最佳预测准确性角度来看,排在前五名的分析师分别是:国盛证券有限责任公司的夏天、兴业证券股份有限公司的孟杰、华泰证券股份有限公司的鲍荣富、天风证券股份有限公司的唐笑和国盛证券有限责任公司的杨涛。

表3-29 五年期分析师预测准确性评价—平均表现(2015.05.01—2020.04.30)
行业:工业—资本品2(机械制造)

分析师姓名	平均表现排名	平均跟踪股票数量	所属证券公司
范海波	1	4	信达证券股份有限公司
张立聪	2	2	安信证券股份有限公司
任志强	3	1	华创证券有限责任公司
王璐	4	2	上海申银万国证券研究所有限公司
徐若旭	5	1	上海申银万国证券研究所有限公司
奉玮	6	4	中国国际金融股份有限公司
罗立波	7	33	广发证券股份有限公司
刘晓宁	8	4	上海申银万国证券研究所有限公司
孔令鑫	9	20	中国国际金融股份有限公司
刘荣	10	31	招商证券股份有限公司

表 3-30　五年期分析师预测准确性评价—最佳表现(2015.05.01—2020.04.30)
行业:工业—资本品 2(机械制造)

分析师姓名	最佳表现排名	平均跟踪股票数量	所属证券公司
刘　荣	1	31	招商证券股份有限公司
陈显帆	2	27	东吴证券股份有限公司
黄　琨	3	24	国泰君安证券股份有限公司
罗立波	4	33	广发证券股份有限公司
刘　军	5	25	东北证券股份有限公司
章　诚	6	19	华泰证券股份有限公司
曲小溪	7	24	长城证券股份有限公司
冯　胜	8	20	中泰证券股份有限公司
谭　倩	9	9	国海证券股份有限公司
吕　娟	10	28	中信建投证券股份有限公司

在 2015 年 5 月 1 日至 2020 年 4 月 30 日这五年的期间内,持续跟踪工业—资本品 2(机械制造)行业并作出每股收益预测的分析师有 57 名。由表 3-29、表 3-30 可以看出,从平均预测准确性角度来看,排在前五名的分析师分别是:信达证券股份有限公司的范海波、安信证券股份有限公司的张立聪、华创证券有限责任公司的任志强、上海申银万国证券研究所有限公司的王璐和上海申银万国证券研究所有限公司的徐若旭。从最佳预测准确性角度来看,排在前五名的分析师分别是:招商证券股份有限公司的刘荣、东吴证券股份有限公司的陈显帆、国泰君安证券股份有限公司的黄琨、广发证券股份有限公司的罗立波和东北证券股份有限公司的刘军。

表 3-31　五年期分析师预测准确性评价—平均表现(2015.05.01—2020.04.30)
行业:工业—资本品 4(电气设备)

分析师姓名	平均表现排名	平均跟踪股票数量	所属证券公司
郑丹丹	1	13	东兴证券股份有限公司
刘海博	2	1	中信证券股份有限公司
罗立波	3	1	广发证券股份有限公司
杨敬梅	4	6	西部证券股份有限公司
沈　成	5	18	中银国际证券股份有限公司

(续表)

分析师姓名	平均表现排名	平均跟踪股票数量	所属证券公司
曾朵红	6	25	东吴证券股份有限公司
房 青	7	17	海通证券股份有限公司
刘晓宁	8	19	上海申银万国证券研究所有限公司
张 帅	9	8	国金证券股份有限公司
胡 毅	10	16	华创证券有限责任公司

表 3-32　五年期分析师预测准确性评价—最佳表现(2015.05.01—2020.04.30)
行业：工业—资本品 4(电气设备)

分析师姓名	最佳表现排名	平均跟踪股票数量	所属证券公司
曾朵红	1	25	东吴证券股份有限公司
沈 成	2	18	中银国际证券股份有限公司
郑丹丹	3	13	东兴证券股份有限公司
陈子坤	4	14	广发证券股份有限公司
弓永峰	5	16	中信证券股份有限公司
顾一弘	6	13	东北证券股份有限公司
谭 倩	7	20	国海证券股份有限公司
房 青	8	17	海通证券股份有限公司
刘晓宁	9	19	上海申银万国证券研究所有限公司
游家训	10	21	招商证券股份有限公司

在 2015 年 5 月 1 日至 2020 年 4 月 30 日这五年的期间内,持续跟踪工业—资本品 4(电气设备)行业并作出每股收益预测的分析师有 35 名。由表 3-31、表 3-32 可以看出,从平均预测准确性角度来看,排在前五名的分析师分别是:东兴证券股份有限公司的郑丹丹、中信证券股份有限公司的刘海博、广发证券股份有限公司的罗立波、西部证券股份有限公司的杨敬梅和中银国际证券股份有限公司的沈成。从最佳预测准确性角度来看,排在前五名的分析师分别是:东吴证券股份有限公司的曾朵红、中银国际证券股份有限公司的沈成、东兴证券股份有限公司的郑丹丹、广发证券股份有限公司的陈子坤和中信证券股份有限公司的弓永峰。

表 3-33 五年期分析师预测准确性评价—平均表现(2015.05.01—2020.04.30)
行业:工业—资本品 5(航空航天与国防)

分析师姓名	平均表现排名	平均跟踪股票数量	所属证券公司
冯 胜	1	2	中泰证券股份有限公司
邹润芳	2	8	天风证券股份有限公司
王宇飞	3	10	中国国际金融股份有限公司
陈显帆	4	2	东吴证券股份有限公司
刘 磊	5	9	海通证券股份有限公司
王 超	6	8	招商证券股份有限公司
李 良	7	5	中国银河证券股份有限公司
王华君	8	2	国金证券股份有限公司
王 习	9	7	东兴证券股份有限公司
熊 军	10	1	东北证券股份有限公司

表 3-34 五年期分析师预测准确性评价—最佳表现(2015.05.01—2020.04.30)
行业:工业—资本品 5(航空航天与国防)

分析师姓名	最佳表现排名	平均跟踪股票数量	所属证券公司
邹润芳	1	8	天风证券股份有限公司
王 超	2	8	招商证券股份有限公司
刘 磊	3	9	海通证券股份有限公司
李 良	4	5	中国银河证券股份有限公司
王宇飞	5	10	中国国际金融股份有限公司
王 习	6	7	东兴证券股份有限公司
冯 胜	7	2	中泰证券股份有限公司
陈显帆	8	2	东吴证券股份有限公司
王华君	9	2	国金证券股份有限公司
熊 军	10	1	东北证券股份有限公司

在 2015 年 5 月 1 日至 2020 年 4 月 30 日这五年的期间内,持续跟踪工业—资本品 5(航空航天与国防)行业并作出每股收益预测的分析师有 10 名。由表 3-33、表 3-34 可以看出,从平均预测准确性角度来看,排在前五名的分析师分别是:中泰

证券股份有限公司的冯胜、天风证券股份有限公司的邹润芳、中国国际金融股份有限公司的王宇飞、东吴证券股份有限公司的陈显帆和海通证券股份有限公司的刘磊。从最佳预测准确性角度来看,排在前五名的分析师分别是:天风证券股份有限公司的邹润芳、招商证券股份有限公司的王超、海通证券股份有限公司的刘磊、中国银河证券股份有限公司的李良和中国国际金融股份有限公司的王宇飞。

表3-35 五年期分析师预测准确性评价—平均表现(2015.05.01—2020.04.30)
行业:电信业务—电信业务(含电信服务与通信设备)

分析师姓名	平均表现排名	平均跟踪股票数量	所属证券公司
刘雪峰	1	2	广发证券股份有限公司
邹润芳	2	2	天风证券股份有限公司
刘舜逢	3	3	平安证券股份有限公司
周伟佳	4	3	长城证券股份有限公司
宋嘉吉	5	11	国盛证券有限责任公司
唐海清	6	20	天风证券股份有限公司
王宇飞	7	2	中国国际金融股份有限公司
顾海波	8	8	中信证券股份有限公司
王 林	9	11	华泰证券股份有限公司
程 成	10	12	国信证券股份有限公司

表3-36 五年期分析师预测准确性评价—最佳表现(2015.05.01—2020.04.30)
行业:电信业务—电信业务(含电信服务与通信设备)

分析师姓名	最佳表现排名	平均跟踪股票数量	所属证券公司
唐海清	1	20	天风证券股份有限公司
顾海波	2	8	中信证券股份有限公司
宋嘉吉	3	11	国盛证券有限责任公司
朱劲松	4	13	海通证券股份有限公司
王 林	5	11	华泰证券股份有限公司
熊 军	6	15	华西证券股份有限公司
周伟佳	7	3	长城证券股份有限公司
程 成	8	12	国信证券股份有限公司
李亚军	9	3	国信证券股份有限公司
余伟民	10	8	海通证券股份有限公司

在 2015 年 5 月 1 日至 2020 年 4 月 30 日这五年的期间内,持续跟踪电信业务—电信业务(含电信服务与通信设备)行业并作出每股收益预测的分析师有 19 名。由表 3-35、表 3-36 可以看出,从平均预测准确性角度来看,排在前五名的分析师分别是:广发证券股份有限公司的刘雪峰、天风证券股份有限公司的邹润芳、平安证券股份有限公司的刘舜逢、长城证券股份有限公司的周伟佳和国盛证券有限责任公司的宋嘉吉。从最佳预测准确性角度来看,排在前五名的分析师分别是:天风证券股份有限公司的唐海清、中信证券股份有限公司的顾海波、国盛证券有限责任公司的宋嘉吉、海通证券股份有限公司的朱劲松和华泰证券股份有限公司的王林。

表 3-37 五年期分析师预测准确性评价—平均表现(2015.05.01—2020.04.30)
行业:能源—能源

分析师姓名	平均表现排名	平均跟踪股票数量	所属证券公司
刘芷君	1	2	广发证券股份有限公司
罗立波	2	3	广发证券股份有限公司
王 强	3	10	招商证券股份有限公司
刘 荣	4	2	招商证券股份有限公司
王鹤涛	5	6	长江证券股份有限公司
沈 涛	6	16	广发证券股份有限公司
王华君	7	4	国金证券股份有限公司
刘晓宁	8	6	上海申银万国证券研究所有限公司
周 泰	9	13	安信证券股份有限公司
安 鹏	10	16	广发证券股份有限公司

表 3-38 五年期分析师预测准确性评价—最佳表现(2015.05.01—2020.04.30)
行业:能源—能源

分析师姓名	最佳表现排名	平均跟踪股票数量	所属证券公司
李俊松	1	15	中泰证券股份有限公司
黄莉莉	2	9	中信证券股份有限公司
王 强	3	10	招商证券股份有限公司
邓 勇	4	12	海通证券股份有限公司
沈 涛	5	16	广发证券股份有限公司

(续表)

分析师姓名	最佳表现排名	平均跟踪股票数量	所属证券公司
张樨樨	6	7	天风证券股份有限公司
周 泰	7	13	安信证券股份有限公司
罗立波	8	3	广发证券股份有限公司
卢 平	9	17	招商证券股份有限公司
安 鹏	10	16	广发证券股份有限公司

在2015年5月1日至2020年4月30日这五年的期间内，持续跟踪能源—能源行业并作出每股收益预测的分析师有30名。由表3-37、表3-38可以看出，从平均预测准确性角度来看，排在前五名的分析师分别是：广发证券股份有限公司的刘芷君、广发证券股份有限公司的罗立波、招商证券股份有限公司的王强、招商证券股份有限公司的刘荣和长江证券股份有限公司的王鹤涛。从最佳预测准确性角度来看，排在前五名的分析师分别是：中泰证券股份有限公司的李俊松、中信证券股份有限公司的黄莉莉、招商证券股份有限公司的王强、海通证券股份有限公司的邓勇和广发证券股份有限公司的沈涛。

表3-39 五年期分析师预测准确性评价—平均表现(2015.05.01—2020.04.30)
行业：金融地产—银行

分析师姓名	平均表现排名	平均跟踪股票数量	所属证券公司
邱冠华	1	15	浙商证券股份有限公司
马鲲鹏	2	11	上海申银万国证券研究所有限公司
刘志平	3	14	华西证券股份有限公司
沈 娟	4	12	华泰证券股份有限公司
屈 俊	5	12	广发证券股份有限公司
励雅敏	6	18	中银国际证券股份有限公司
肖斐斐	7	13	中信证券股份有限公司
傅慧芳	8	13	兴业证券股份有限公司
袁喆奇	9	18	中银国际证券股份有限公司
杨 荣	10	12	中信建投证券股份有限公司

表 3-40　五年期分析师预测准确性评价—最佳表现(2015.05.01—2020.04.30)
行业:金融地产—银行

分析师姓名	最佳表现排名	平均跟踪股票数量	所属证券公司
邱冠华	1	15	浙商证券股份有限公司
励雅敏	2	18	中银国际证券股份有限公司
刘志平	3	14	华西证券股份有限公司
傅慧芳	4	13	兴业证券股份有限公司
沈　娟	5	12	华泰证券股份有限公司
肖斐斐	6	13	中信证券股份有限公司
杨　荣	7	12	中信建投证券股份有限公司
马鲲鹏	8	11	上海申银万国证券研究所有限公司
袁喆奇	9	18	中银国际证券股份有限公司
屈　俊	10	12	广发证券股份有限公司

在2015年5月1日至2020年4月30日这五年的期间内,持续跟踪金融地产—银行行业并作出每股收益预测的分析师有10名。由表3-39、表3-40可以看出,从平均预测准确性角度来看,排在前五名的分析师分别是:浙商证券股份有限公司的邱冠华、上海申银万国证券研究所有限公司的马鲲鹏、华西证券股份有限公司的刘志平、华泰证券股份有限公司的沈娟和广发证券股份有限公司的屈俊。从最佳预测准确性角度来看,排在前五名的分析师分别是:浙商证券股份有限公司的邱冠华、中银国际证券股份有限公司的励雅敏、华西证券股份有限公司的刘志平、兴业证券股份有限公司的傅慧芳和华泰证券股份有限公司的沈娟。

表 3-41　五年期分析师预测准确性评价—平均表现(2015.05.01—2020.04.30)
行业:金融地产—非银金融(含保险、资本市场、其他金融)

分析师姓名	平均表现排名	平均跟踪股票数量	所属证券公司
孙　婷	1	18	海通证券股份有限公司
周晶晶	2	6	长江证券股份有限公司
沈　娟	3	19	华泰证券股份有限公司
洪锦屏	4	13	华创证券有限责任公司
刘欣琦	5	18	国泰君安证券股份有限公司
王丛云	6	12	上海申银万国证券研究所有限公司

（续表）

分析师姓名	平均表现排名	平均跟踪股票数量	所属证券公司
张经纬	7	9	安信证券股份有限公司
胡　翔	8	9	东吴证券股份有限公司
缴文超	9	11	万联证券股份有限公司
傅慧芳	10	3	兴业证券股份有限公司

表 3-42　五年期分析师预测准确性评价—最佳表现（2015.05.01—2020.04.30）
行业：金融地产—非银金融（含保险、资本市场、其他金融）

分析师姓名	最佳表现排名	平均跟踪股票数量	所属证券公司
孙　婷	1	18	海通证券股份有限公司
沈　娟	2	19	华泰证券股份有限公司
洪锦屏	3	13	华创证券有限责任公司
刘欣琦	4	18	国泰君安证券股份有限公司
赵湘怀	5	23	光大证券股份有限公司
缴文超	6	11	万联证券股份有限公司
王丛云	7	12	上海申银万国证券研究所有限公司
周晶晶	8	6	长江证券股份有限公司
张经纬	9	9	安信证券股份有限公司
王维逸	10	14	中银国际证券股份有限公司

在 2015 年 5 月 1 日至 2020 年 4 月 30 日这五年的期间内，持续跟踪金融地产—非银金融（含保险、资本市场、其他金融）行业并作出每股收益预测的分析师有 20 名。由表 3-41、表 3-42 可以看出，从平均预测准确性角度来看，排在前五名的分析师分别是：海通证券股份有限公司的孙婷、长江证券股份有限公司的周晶晶、华泰证券股份有限公司的沈娟、华创证券有限责任公司的洪锦屏和国泰君安证券股份有限公司的刘欣琦。从最佳预测准确性角度来看，排在前五名的分析师分别是：海通证券股份有限公司的孙婷、华泰证券股份有限公司的沈娟、华创证券有限责任公司的洪锦屏、国泰君安证券股份有限公司的刘欣琦和光大证券股份有限公司的赵湘怀。

表3-43 五年期分析师预测准确性评价—平均表现(2015.05.01—2020.04.30)
行业:金融地产—房地产

分析师姓名	平均表现排名	平均跟踪股票数量	所属证券公司
刘 璐	1	10	华泰证券股份有限公司
区瑞明	2	11	国信证券股份有限公司
杨 侃	3	10	平安证券股份有限公司
陈 慎	4	20	华泰证券股份有限公司
袁 豪	5	16	华创证券有限责任公司
陈 聪	6	12	中信证券股份有限公司
赵 可	7	8	招商证券股份有限公司
涂力磊	8	40	海通证券股份有限公司
乐加栋	9	19	广发证券股份有限公司
谢皓宇	10	9	国泰君安证券股份有限公司

表3-44 五年期分析师预测准确性评价—最佳表现(2015.05.01—2020.04.30)
行业:金融地产—房地产

分析师姓名	最佳表现排名	平均跟踪股票数量	所属证券公司
涂力磊	1	40	海通证券股份有限公司
区瑞明	2	11	国信证券股份有限公司
胡华如	3	15	西南证券股份有限公司
陈 聪	4	12	中信证券股份有限公司
袁 豪	5	16	华创证券有限责任公司
阎常铭	6	13	兴业证券股份有限公司
谢皓宇	7	9	国泰君安证券股份有限公司
陈 慎	8	20	华泰证券股份有限公司
刘 璐	9	10	华泰证券股份有限公司
乐加栋	10	19	广发证券股份有限公司

在2015年5月1日至2020年4月30日这五年的期间内,持续跟踪金融地产—房地产行业并作出每股收益预测的分析师有19名。由表3-43、表3-44可以看出,从平均预测准确性角度来看,排在前五名的分析师分别是:华泰证券股份有

限公司的刘璐、国信证券股份有限公司的区瑞明、平安证券股份有限公司的杨侃、华泰证券股份有限公司的陈慎和华创证券有限责任公司的袁豪。从最佳预测准确性角度来看,排在前五名的分析师分别是:海通证券股份有限公司的涂力磊、国信证券股份有限公司的区瑞明、西南证券股份有限公司的胡华如、中信证券股份有限公司的陈聪和华创证券有限责任公司的袁豪。

4 三年期证券公司预测准确性评价

4.1 数据来源与样本说明

三年期证券公司预测准确性评价的数据期间为2017年5月1日至2020年4月30日。证券公司预测准确性评分在其下属分析师预测准确性基础上汇总计算得出。所有分析师预测数据来源于CSMAR数据库,涉及指标包括分析师姓名、分析师编码、所属证券公司名称、预测公司证券代码、证券简称、预测终止日、预测每股收益及实际每股收益。分析师样本筛选原则同1.2节所述。在对证券公司预测准确性表现进行评价时,我们只对连续三年每年至少存在一名活动分析师的证券公司进行了排名。经上述筛选后,最终得到参与三年期证券公司预测准确性评价的证券公司共69家。

在对证券公司预测准确性进行评价时,我们从证券公司预测准确性综合评价和证券公司明星分析师数量两个角度进行评价,在分别从证券公司层面对分析师表现进行汇总得到每家证券公司每年度表现的基础上,对证券公司三年表现进行综合评价。

4.2 三年期证券公司预测准确性评价结果

表4-1 三年期证券公司预测准确性综合评价—平均表现维度(2017.05.01—2020.04.30)

证券公司名称	排名	年均分析师数量	年均研报数量
东海证券股份有限公司	1	5	10
中国国际金融股份有限公司	2	71	740
国盛证券有限责任公司	3	32	235
东吴证券股份有限公司	4	35	361

(续表)

证券公司名称	排名	年均分析师数量	年均研报数量
华创证券有限责任公司	5	45	508
广发证券股份有限公司	6	81	627
中泰证券股份有限公司	7	60	556
长城证券股份有限公司	8	46	231
财通证券股份有限公司	9	14	212
光大证券股份有限公司	10	59	461
国金证券股份有限公司	11	35	335
安信证券股份有限公司	12	57	653
天风证券股份有限公司	13	78	792
招商证券股份有限公司	14	85	668
群益证券(香港)有限公司	15	11	108
中信证券股份有限公司	16	61	600
川财证券有限责任公司	17	8	76
浙商证券股份有限公司	18	27	163
世纪证券有限责任公司	19	3	14
西部证券股份有限公司	20	9	45
华金证券股份有限公司	21	17	215
华泰证券股份有限公司	22	68	565
爱建证券有限责任公司	23	3	13
东方证券股份有限公司	24	35	255
财富证券有限责任公司	25	9	179
国泰君安证券股份有限公司	26	135	799
开源证券股份有限公司	27	8	35
方正证券股份有限公司	28	48	488
中银国际证券股份有限公司	29	33	259
西南证券股份有限公司	30	35	501
兴业证券股份有限公司	31	69	702

(续表)

证券公司名称	排名	年均分析师数量	年均研报数量
平安证券股份有限公司	32	45	303
东莞证券股份有限公司	33	14	116
国信证券股份有限公司	34	44	421
新时代证券股份有限公司	35	21	227
太平洋证券股份有限公司	36	54	403
上海证券有限责任公司	37	14	152
东北证券股份有限公司	38	65	617
海通证券股份有限公司	39	88	711
网信证券有限责任公司	40	2	3
广州广证恒生证券投资咨询有限公司	41	13	106
长江证券股份有限公司	42	62	177
国海证券股份有限公司	43	19	352
上海申银万国证券研究所有限公司	44	101	562
中国银河证券股份有限公司	45	20	151
国联证券股份有限公司	46	20	206
东兴证券股份有限公司	47	33	394
华鑫证券有限责任公司	48	8	79
信达证券股份有限公司	49	31	142
华融证券股份有限公司	50	3	6
中信建投证券股份有限公司	51	48	533
国元证券股份有限公司	52	18	100
民生证券股份有限公司	53	65	456
渤海证券股份有限公司	54	18	77
万联证券股份有限公司	55	7	84
粤开证券股份有限公司	56	12	157
中原证券股份有限公司	57	7	98
北京高华证券有限责任公司	58	7	18

(续表)

证券公司名称	排名	年均分析师数量	年均研报数量
长城国瑞证券有限公司	59	7	41
中航证券有限公司	60	18	51
山西证券股份有限公司	61	14	75
国开证券股份有限公司	62	5	17
华安证券股份有限公司	63	7	35
辉立证券集团	64	4	20
西藏东方财富证券股份有限公司	65	4	35
首创证券有限责任公司	66	2	8
红塔证券股份有限公司	67	1	2
中国银河国际证券(香港)有限公司	68	4	3
中邮证券有限责任公司	69	3	46

由表 4-1 可以看出,在 2017 年 5 月 1 日至 2020 年 4 月 30 日期间内,从分析师平均表现维度对证券公司预测准确性进行综合评价,排在前五名的证券公司分别是:东海证券股份有限公司(年均活动分析师 5 名,年均发布研报 10 份)、中国国际金融股份有限公司(年均活动分析师 71 名,年均发布研报 740 份)、国盛证券有限责任公司(年均活动分析师 32 名,年均发布研报 235 份)、东吴证券股份有限公司(年均活动分析 35 名,年均发布研报 361 份)和华创证券有限责任公司(年均活动分析师 45 名,年均发布研报 508 份)。

表 4-2 三年期证券公司预测准确性综合评价—最佳表现维度(2017.05.01—2020.04.30)

证券公司名称	排名	年均分析师数量	年均研报数量
西南证券股份有限公司	1	35	501
上海证券有限责任公司	2	14	152
华金证券股份有限公司	3	17	215
财通证券股份有限公司	4	14	212
东吴证券股份有限公司	5	35	361
万联证券股份有限公司	6	7	84
中信证券股份有限公司	7	61	600

(续表)

证券公司名称	排名	年均分析师数量	年均研报数量
财富证券有限责任公司	8	9	179
华创证券有限责任公司	9	45	508
川财证券有限责任公司	10	8	76
天风证券股份有限公司	11	78	792
海通证券股份有限公司	12	88	711
广发证券股份有限公司	13	81	627
安信证券股份有限公司	14	57	653
中泰证券股份有限公司	15	60	556
平安证券股份有限公司	16	45	303
国信证券股份有限公司	17	44	421
方正证券股份有限公司	18	48	488
华泰证券股份有限公司	19	68	565
东兴证券股份有限公司	20	33	394
国泰君安证券股份有限公司	21	135	799
中国国际金融股份有限公司	22	71	740
招商证券股份有限公司	23	85	668
兴业证券股份有限公司	24	69	702
中银国际证券股份有限公司	25	33	259
群益证券(香港)有限公司	26	11	108
光大证券股份有限公司	27	59	461
东北证券股份有限公司	28	65	617
新时代证券股份有限公司	29	21	227
长城证券股份有限公司	30	46	231
浙商证券股份有限公司	31	27	163
国金证券股份有限公司	32	35	335
东方证券股份有限公司	33	35	255
国海证券股份有限公司	34	19	352

(续表)

证券公司名称	排名	年均分析师数量	年均研报数量
中原证券股份有限公司	35	7	98
民生证券股份有限公司	36	65	456
东莞证券股份有限公司	37	14	116
广州广证恒生证券投资咨询有限公司	38	13	106
太平洋证券股份有限公司	39	54	403
中信建投证券股份有限公司	40	48	533
爱建证券有限责任公司	41	3	13
国盛证券有限责任公司	42	32	235
中国银河证券股份有限公司	43	20	151
粤开证券股份有限公司	44	12	157
上海申银万国证券研究所有限公司	45	101	562
山西证券股份有限公司	46	14	75
信达证券股份有限公司	47	31	142
国联证券股份有限公司	48	20	206
国元证券股份有限公司	49	18	100
开源证券股份有限公司	50	8	35
长江证券股份有限公司	51	62	177
华鑫证券有限责任公司	52	8	79
长城国瑞证券有限公司	53	7	41
渤海证券股份有限公司	54	18	77
西部证券股份有限公司	55	9	45
首创证券有限责任公司	56	2	8
北京高华证券有限责任公司	57	7	18
中邮证券有限责任公司	58	3	46
东海证券股份有限公司	59	5	10
华安证券股份有限公司	60	7	35
辉立证券集团	61	4	20

(续表)

证券公司名称	排名	年均分析师数量	年均研报数量
网信证券有限责任公司	62	2	3
中航证券有限公司	63	18	51
世纪证券有限责任公司	64	3	14
华融证券股份有限公司	65	3	6
国开证券股份有限公司	66	5	17
西藏东方财富证券股份有限公司	67	4	35
中国银河国际证券(香港)有限公司	68	4	3
红塔证券股份有限公司	69	1	2

由表4-2可以看出,在2017年5月1日至2020年4月30日期间内,从分析师最佳表现维度对证券公司预测准确性进行综合评价,排在前五名的证券公司分别是:西南证券股份有限公司(年均活动分析师35名,年均发布研报501份)、上海证券有限责任公司(年均活动分析师14名,年均发布研报152份)、华金证券股份有限公司(年均活动分析师17名,年均发布研报215份)、财通证券股份有限公司(年均活动分析师14名,年均发布研报212份)和东吴证券股份有限公司(年均活动分析师35名,年均发布研报361份)。

表4-3 三年期证券公司明星分析师席位排名—平均表现维度(2017.05.01—2020.04.30)

证券公司名称	排名	明星分析师总量	证券公司分析师总量	证券公司研报总量
天风证券股份有限公司	1	18	235	2 376
安信证券股份有限公司	2	15	172	1 959
中国国际金融股份有限公司	3	15	213	2 220
东吴证券股份有限公司	4	12	105	1 082
中信建投证券股份有限公司	5	12	143	1 599
国泰君安证券股份有限公司	6	12	404	2 396
西南证券股份有限公司	7	11	105	1 502
方正证券股份有限公司	8	11	143	1 463
长江证券股份有限公司	9	10	185	530

(续表)

证券公司名称	排名	明星分析师总量	证券公司分析师总量	证券公司研报总量
东北证券股份有限公司	10	10	195	1 850
兴业证券股份有限公司	11	10	206	2 105
上海申银万国证券研究所有限公司	12	10	303	1 687
信达证券股份有限公司	13	9	92	425
光大证券股份有限公司	14	9	178	1 384
中信证券股份有限公司	15	9	184	1 799
民生证券股份有限公司	16	9	196	1 368
招商证券股份有限公司	17	9	254	2 004
华金证券股份有限公司	18	8	50	645
浙商证券股份有限公司	19	8	80	489
中银国际证券股份有限公司	20	8	99	776
东兴证券股份有限公司	21	8	99	1 181
国金证券股份有限公司	22	8	105	1 006
太平洋证券股份有限公司	23	8	163	1 209
广发证券股份有限公司	24	8	244	1 880
中泰证券股份有限公司	25	7	180	1 669
平安证券股份有限公司	26	6	136	908
东莞证券股份有限公司	27	5	41	348
山西证券股份有限公司	28	5	43	224
中航证券有限公司	29	5	54	153
新时代证券股份有限公司	30	5	64	680
国盛证券有限责任公司	31	5	97	704
海通证券股份有限公司	32	5	265	2 132
国联证券股份有限公司	33	4	61	617
长城证券股份有限公司	34	4	137	692
华泰证券股份有限公司	35	4	203	1 694

(续表)

证券公司名称	排名	明星分析师总量	证券公司分析师总量	证券公司研报总量
中邮证券有限责任公司	36	3	9	138
川财证券有限责任公司	37	3	25	228
西部证券股份有限公司	38	3	26	136
广州广证恒生证券投资咨询有限公司	39	3	38	318
中国银河证券股份有限公司	40	3	60	452
国信证券股份有限公司	41	3	131	1 262
华融证券股份有限公司	42	2	9	17
华安证券股份有限公司	43	2	20	105
万联证券股份有限公司	44	2	20	251
群益证券(香港)有限公司	45	2	33	324
上海证券有限责任公司	46	2	43	457
国元证券股份有限公司	47	2	53	301
国海证券股份有限公司	48	2	58	1 057
东方证券股份有限公司	49	2	105	764
网信证券有限责任公司	50	1	7	10
首创证券有限责任公司	51	1	7	23
东海证券股份有限公司	52	1	14	31
长城国瑞证券有限公司	53	1	21	122
华鑫证券有限责任公司	54	1	23	237
财富证券有限责任公司	55	1	27	538
粤开证券股份有限公司	56	1	37	471
华创证券有限责任公司	57	1	135	1 523
红塔证券股份有限公司	58	0	4	5
爱建证券有限责任公司	59	0	9	38

(续表)

证券公司名称	排名	明星分析师总量	证券公司分析师总量	证券公司研报总量
世纪证券有限责任公司	60	0	10	43
中国银河国际证券(香港)有限公司	61	0	11	8
辉立证券集团	62	0	11	59
西藏东方财富证券股份有限公司	63	0	12	105
国开证券股份有限公司	64	0	15	51
北京高华证券有限责任公司	65	0	22	54
中原证券股份有限公司	66	0	22	294
开源证券股份有限公司	67	0	24	104
财通证券股份有限公司	68	0	41	636
渤海证券股份有限公司	69	0	54	231

根据1.2节所属行业划分方法，2017.05.01—2020.04.30三个年度24个行业共产生明星分析师360名[①]。由表4-3可以看出，在2017年5月1日至2020年4月30日期间内，从分析师平均表现维度评选明星分析师并在此基础上对证券公司实力进行评价，排在前五名的证券公司分别是：天风证券股份有限公司(拥有明星分析师累计18名，活动分析师累计235名，发布研报累计2 376份)、安信证券股份有限公司(拥有明星分析师累计15名，活动分析师累计172名，发布研报累计1 959份)、中国国际金融股份有限公司(拥有明星分析师累计15名，活动分析师累计213名，发布研报累计2 220份)、东吴证券股份有限公司(拥有明星分析师累计12名，活动分析师累计105名，发布研报累计1082份)和中信建投证券股份有限公司(拥有明星分析师累计12名，活动分析师累计143名，发布研报累计1 599份)，国泰君安证券股份有限公司(拥有明星分析师累计12名，活动分析师累计404名，发布研报累计2 396份)与中信建投证券股份有限公司明星分析师席位相同，并列第五名。

---

① 因存在单期内拥有明星分析师但未能保证每期存在至少一名活动分析师而未被纳入三年评价的证券公司，表中列示的明星分析师数量总和小于360。五年期证券公司评价同理。

表4-4 三年期证券公司明星分析师席位排名—最佳表现维度(2017.05.01—2020.04.30)

证券公司名称	排名	明星分析师总量	证券公司分析师总量	证券公司研报总量
兴业证券股份有限公司	1	18	206	2 105
广发证券股份有限公司	2	17	244	1 880
国泰君安证券股份有限公司	3	17	404	2 396
中国国际金融股份有限公司	4	16	213	2 220
招商证券股份有限公司	5	16	254	2 004
安信证券股份有限公司	6	13	172	1 959
中信证券股份有限公司	7	13	184	1 799
上海申银万国证券研究所有限公司	8	13	303	1 687
东北证券股份有限公司	9	12	195	1 850
方正证券股份有限公司	10	10	143	1 463
海通证券股份有限公司	11	10	265	2 132
国盛证券有限责任公司	12	9	97	704
中银国际证券股份有限公司	13	9	99	776
西南证券股份有限公司	14	9	105	1 502
华创证券有限责任公司	15	9	135	1 523
华泰证券股份有限公司	16	9	203	1 694
国信证券股份有限公司	17	8	131	1 262
平安证券股份有限公司	18	8	136	908
中信建投证券股份有限公司	19	8	143	1 599
天风证券股份有限公司	20	8	235	2 376
中国银河证券股份有限公司	21	7	60	452
东兴证券股份有限公司	22	7	99	1 181
国金证券股份有限公司	23	7	105	1 006
中泰证券股份有限公司	24	7	180	1 669

(续表)

证券公司名称	排名	明星分析师总量	证券公司分析师总量	证券公司研报总量
华金证券股份有限公司	25	6	50	645
民生证券股份有限公司	26	6	196	1 368
财通证券股份有限公司	27	5	41	636
新时代证券股份有限公司	28	5	64	680
东吴证券股份有限公司	29	5	105	1 082
光大证券股份有限公司	30	5	178	1 384
财富证券有限责任公司	31	4	27	538
国海证券股份有限公司	32	4	58	1 057
东方证券股份有限公司	33	4	105	764
长城证券股份有限公司	34	4	137	692
太平洋证券股份有限公司	35	4	163	1 209
长江证券股份有限公司	36	4	185	530
万联证券股份有限公司	37	3	20	251
群益证券(香港)有限公司	38	3	33	324
东莞证券股份有限公司	39	3	41	348
国联证券股份有限公司	40	3	61	617
华鑫证券有限责任公司	41	2	23	237
川财证券有限责任公司	42	2	25	228
西部证券股份有限公司	43	2	26	136
粤开证券股份有限公司	44	2	37	471
国元证券股份有限公司	45	2	53	301
浙商证券股份有限公司	46	2	80	489
爱建证券有限责任公司	47	1	9	38
中邮证券有限责任公司	48	1	9	138

(续表)

证券公司名称	排名	明星分析师总量	证券公司分析师总量	证券公司研报总量
中国银河国际证券(香港)有限公司	49	1	11	8
辉立证券集团	50	1	11	59
西藏东方财富证券股份有限公司	51	1	12	105
国开证券股份有限公司	52	1	15	51
华安证券股份有限公司	53	1	20	105
北京高华证券有限责任公司	54	1	22	54
山西证券股份有限公司	55	1	43	224
中航证券有限公司	56	1	54	153
渤海证券股份有限公司	57	1	54	231
红塔证券股份有限公司	58	0	4	5
网信证券有限责任公司	59	0	7	10
首创证券有限责任公司	60	0	7	23
华融证券股份有限公司	61	0	9	17
世纪证券有限责任公司	62	0	10	43
东海证券股份有限公司	63	0	14	31
长城国瑞证券有限公司	64	0	21	122
中原证券股份有限公司	65	0	22	294
开源证券股份有限公司	66	0	24	104
广州广证恒生证券投资咨询有限公司	67	0	38	318
上海证券有限责任公司	68	0	43	457
信达证券股份有限公司	69	0	92	425

根据 1.2 节所属行业划分方法,2017.05.01—2020.04.30 三个年度 24 个行业共产生明星分析师 360 名。由表 4-4 可以看出,在 2017 年 5 月 1 日至 2020 年 4 月 30 日期间内,从分析师最佳表现维度评选明星分析师并在此基础上对证券公司实力进行评价,排在前五名的证券公司分别是:兴业证券股份有限公司(拥有明星

分析师累计 18 名,活动分析师累计 206 名,发布研报累计 2 105 份)、广发证券股份有限公司(拥有明星分析师累计 17 名,活动分析师累计 244 名,发布研报累计 1 880 份)、国泰君安证券股份有限公司(拥有明星分析师累计 17 名,活动分析师累计 404 名,发布研报累计 2 396 份)、中国国际金融股份有限公司(拥有明星分析师累计 16 名,活动分析师累计 213 名,发布研报累计 2 220 份)和招商证券股份有限公司(拥有明星分析师累计 16 名,活动分析师累计 254 名,发布研报累计 2 004 份)。

5 五年期证券公司预测准确性评价

5.1 数据来源与样本说明

五年期证券公司预测准确性评价的数据期间为2015年5月1日至2020年4月30日。证券公司预测准确性评分在其下属分析师预测准确性基础上汇总计算得出。所有分析师预测数据来源于CSMAR数据库,涉及指标包括分析师姓名、分析师编码、所属证券公司名称、预测公司证券代码、证券简称、预测终止日、预测每股收益及实际每股收益。分析师样本筛选原则同1.2节所述。在对证券公司预测准确性表现进行评价时,我们只对连续五年每年至少存在一名活动分析师的证券公司进行了排名。经上述筛选后,最终得到参与五年期证券公司预测准确性评价的证券公司共58家。

在对证券公司预测准确性进行评价时,我们从证券公司预测准确性综合评价和证券公司明星分析师数量两个角度进行评价,在分别从证券公司层面对分析师表现进行汇总得到每家证券公司每年度表现的基础上,对证券公司五年表现进行综合评价。

5.2 五年期证券公司预测准确性评价结果

表5-1　五年期证券公司预测准确性综合评价—平均表现维度(2015.05.01—2020.04.30)

证券公司名称	排名	年均分析师数量	年均研报数量
中国国际金融股份有限公司	1	64	712
天风证券股份有限公司	2	55	556
中泰证券股份有限公司	3	49	480
东吴证券股份有限公司	4	30	345

(续表)

证券公司名称	排名	年均分析师数量	年均研报数量
浙商证券股份有限公司	5	21	134
广发证券股份有限公司	6	69	620
群益证券(香港)有限公司	7	11	119
广州广证恒生证券投资咨询有限公司	8	12	85
国金证券股份有限公司	9	35	336
华创证券有限责任公司	10	34	406
平安证券股份有限公司	11	45	308
长城证券股份有限公司	12	35	207
兴业证券股份有限公司	13	60	711
招商证券股份有限公司	14	76	607
东方证券股份有限公司	15	30	209
光大证券股份有限公司	16	45	366
华泰证券股份有限公司	17	60	565
国信证券股份有限公司	18	37	339
西南证券股份有限公司	19	29	452
安信证券股份有限公司	20	52	652
中信证券股份有限公司	21	58	558
国泰君安证券股份有限公司	22	127	786
方正证券股份有限公司	23	43	418
爱建证券有限责任公司	24	3	15
太平洋证券股份有限公司	25	43	313
华金证券股份有限公司	26	12	188
上海申银万国证券研究所有限公司	27	99	586
海通证券股份有限公司	28	78	855
东北证券股份有限公司	29	60	557
川财证券有限责任公司	30	8	58
中银国际证券股份有限公司	31	30	232

(续表)

证券公司名称	排名	年均分析师数量	年均研报数量
上海证券有限责任公司	32	14	118
国联证券股份有限公司	33	18	217
财富证券有限责任公司	34	11	158
长江证券股份有限公司	35	53	415
国海证券股份有限公司	36	17	342
信达证券股份有限公司	37	26	137
开源证券股份有限公司	38	6	25
华鑫证券有限责任公司	39	6	69
民生证券股份有限公司	40	63	397
北京高华证券有限责任公司	41	11	35
东兴证券股份有限公司	42	30	356
中信建投证券股份有限公司	43	44	463
粤开证券股份有限公司	44	9	129
万联证券股份有限公司	45	5	54
中国银河证券股份有限公司	46	25	179
渤海证券股份有限公司	47	17	81
世纪证券有限责任公司	48	3	12
长城国瑞证券有限公司	49	5	40
国元证券股份有限公司	50	19	90
华融证券股份有限公司	51	5	21
华安证券股份有限公司	52	7	40
山西证券股份有限公司	53	11	51
中航证券有限公司	54	15	41
中原证券股份有限公司	55	8	76
辉立证券集团	56	4	22
首创证券有限责任公司	57	3	11
国开证券股份有限公司	58	3	11

由表 5-1 可以看出,在 2015 年 5 月 1 日至 2020 年 4 月 30 日期间内,从分析师平均表现维度对证券公司预测准确性进行综合评价,排在前五名的证券公司分别是:中国国际金融股份有限公司(年均活动分析师 64 名,年均发布研报 712 份)、天风证券股份有限公司(年均活动分析师 55 名,年均发布研报 556 份)、中泰证券股份有限公司(年均活动分析师 49 名,年均发布研报 480 份)、东吴证券股份有限公司(年均活动分析师 30 名,年均发布研报 345 份)和浙商证券股份有限公司(年均活动分析师 21 名,年均发布研报 134 份)。

表 5-2　五年期证券公司预测准确性综合评价——最佳表现维度(2015.05.01—2020.04.30)

证券公司名称	排名	年均分析师数量	年均研报数量
华金证券股份有限公司	1	12	188
西南证券股份有限公司	2	29	452
海通证券股份有限公司	3	78	855
中信证券股份有限公司	4	58	558
安信证券股份有限公司	5	52	652
东吴证券股份有限公司	6	30	345
群益证券(香港)有限公司	7	11	119
广发证券股份有限公司	8	69	620
兴业证券股份有限公司	9	60	711
中国国际金融股份有限公司	10	64	712
国信证券股份有限公司	11	37	339
华泰证券股份有限公司	12	60	565
平安证券股份有限公司	13	45	308
中泰证券股份有限公司	14	49	480
国泰君安证券股份有限公司	15	127	786
方正证券股份有限公司	16	43	418
上海证券有限责任公司	17	14	118
财富证券有限责任公司	18	11	158
东北证券股份有限公司	19	60	557
国金证券股份有限公司	20	35	336
光大证券股份有限公司	21	45	366

(续表)

证券公司名称	排名	年均分析师数量	年均研报数量
广州广证恒生证券投资咨询有限公司	22	12	85
招商证券股份有限公司	23	76	607
华创证券有限责任公司	24	34	406
东兴证券股份有限公司	25	30	356
国海证券股份有限公司	26	17	342
国联证券股份有限公司	27	18	217
民生证券股份有限公司	28	63	397
浙商证券股份有限公司	29	21	134
天风证券股份有限公司	30	55	556
中银国际证券股份有限公司	31	30	232
万联证券股份有限公司	32	5	54
中信建投证券股份有限公司	33	44	463
长城证券股份有限公司	34	35	207
东方证券股份有限公司	35	30	209
长江证券股份有限公司	36	53	415
爱建证券有限责任公司	37	3	15
上海申银万国证券研究所有限公司	38	99	586
长城国瑞证券有限公司	39	5	40
太平洋证券股份有限公司	40	43	313
信达证券股份有限公司	41	26	137
川财证券有限责任公司	42	8	58
中国银河证券股份有限公司	43	25	179
华鑫证券有限责任公司	44	6	69
渤海证券股份有限公司	45	17	81
开源证券股份有限公司	46	6	25
中原证券股份有限公司	47	8	76
国元证券股份有限公司	48	19	90

(续表)

证券公司名称	排名	年均分析师数量	年均研报数量
北京高华证券有限责任公司	49	11	35
首创证券有限责任公司	50	3	11
山西证券股份有限公司	51	11	51
辉立证券集团	52	4	22
粤开证券股份有限公司	53	9	129
华安证券股份有限公司	54	7	40
华融证券股份有限公司	55	5	21
中航证券有限公司	56	15	41
世纪证券有限责任公司	57	3	12
国开证券股份有限公司	58	3	11

由表5-2可以看出，在2015年5月1日至2020年4月30日期间内，从分析师最佳表现维度对证券公司预测准确性进行综合评价，排在前五名的证券公司分别是：华金证券股份有限公司（年均活动分析师12名，年均发布研报188份）、西南证券股份有限公司（年均活动分析师29名，年均发布研报452份）、海通证券股份有限公司（年均活动分析师78名，年均发布研报855份）、中信证券股份有限公司（年均活动分析师58名，年均发布研报558份）和安信证券股份有限公司（年均活动分析师52名，年均发布研报652份）。

表5-3 五年期证券公司明星分析师席位排名—平均表现维度（2015.05.01—2020.04.30）

证券公司名称	排名	明星分析师总量	证券公司分析师总量	证券公司研报总量
天风证券股份有限公司	1	23	274	2 781
民生证券股份有限公司	2	23	316	1 983
中国国际金融股份有限公司	3	23	322	3 562
方正证券股份有限公司	4	22	213	2 090
安信证券股份有限公司	5	21	260	3 258
国泰君安证券股份有限公司	6	21	634	3 932
中信建投证券股份有限公司	7	20	219	2 315

(续表)

证券公司名称	排名	明星分析师总量	证券公司分析师总量	证券公司研报总量
中泰证券股份有限公司	8	19	246	2 398
兴业证券股份有限公司	9	19	302	3 557
招商证券股份有限公司	10	19	381	3 036
上海申银万国证券研究所有限公司	11	18	494	2 928
东吴证券股份有限公司	12	16	151	1 723
中信证券股份有限公司	13	16	290	2 788
广发证券股份有限公司	14	16	345	3 098
国金证券股份有限公司	15	15	174	1 679
长江证券股份有限公司	16	15	266	2 073
东北证券股份有限公司	17	15	299	2 783
海通证券股份有限公司	18	15	388	4 277
浙商证券股份有限公司	19	14	103	672
西南证券股份有限公司	20	14	143	2 261
东兴证券股份有限公司	21	13	148	1 782
华泰证券股份有限公司	22	13	301	2 827
信达证券股份有限公司	23	12	132	687
光大证券股份有限公司	24	12	224	1 832
中银国际证券股份有限公司	25	11	151	1 159
平安证券股份有限公司	26	11	226	1 542
华金证券股份有限公司	27	10	61	938
太平洋证券股份有限公司	28	10	214	1 565
中航证券有限公司	29	7	77	205
中国银河证券股份有限公司	30	7	127	896
长城证券股份有限公司	31	6	173	1 036
山西证券股份有限公司	32	5	54	257

(续表)

证券公司名称	排名	明星分析师总量	证券公司分析师总量	证券公司研报总量
广州广证恒生证券投资咨询有限公司	33	5	59	424
华创证券有限责任公司	34	5	171	2 028
华融证券股份有限公司	35	4	27	107
川财证券有限责任公司	36	4	40	289
北京高华证券有限责任公司	37	4	56	175
群益证券(香港)有限公司	38	4	57	596
国海证券股份有限公司	39	4	86	1 711
国联证券股份有限公司	40	4	88	1 087
国信证券股份有限公司	41	4	184	1 693
长城国瑞证券有限公司	42	3	27	201
财富证券有限责任公司	43	3	53	791
东方证券股份有限公司	44	3	149	1 045
万联证券有限公司	45	2	26	270
华安证券股份有限公司	46	2	36	198
上海证券有限责任公司	47	2	71	590
渤海证券股份有限公司	48	2	85	403
国元证券股份有限公司	49	2	97	450
首创证券有限责任公司	50	1	15	53
辉立证券集团	51	1	20	109
华鑫证券有限责任公司	52	1	32	344
中原证券股份有限公司	53	1	39	379
粤开证券股份有限公司	54	1	45	645
世纪证券有限责任公司	55	0	15	61
爱建证券有限责任公司	56	0	16	74
国开证券股份有限公司	57	0	17	55
开源证券股份有限公司	58	0	29	124

根据 1.2 节所述行业划分方法，2015.05.01—2020.04.30 五个年度共产生明星分析师 595 名①。由表 5-3 可以看出，在 2015 年 5 月 1 日至 2020 年 4 月 30 日期间内，从分析师平均表现维度评选明星分析师并在此基础上对证券公司实力进行评价，排在前五名的证券公司分别是：天风证券股份有限公司（拥有明星分析师累计 23 名，活动分析师累计 274 名，发布研报累计 2 781 份）、民生证券股份有限公司（拥有明星分析师累计 23 名，活动分析师累计 316 名，发布研报累计 1 983 份）、中国国际金融股份有限公司（拥有明星分析师累计 23 名，活动分析师累计 322 名，发布研报累计 3 562 份）、方正证券股份有限公司（拥有明星分析师累计 22 名，活动分析师累计 213 名，发布研报累计 2 090 份）和安信证券股份有限公司（拥有明星分析师累计 21 名，活动分析师累计 260 名，发布研报累计 3 258 份），国泰君安证券股份有限公司（拥有明星分析师累计 21 名，活动分析师累计 634 名，发布研报累计 3 932 份）与安信证券股份有限公司明星分析师席位相同，并列第五名。

表 5-4　五年期证券公司明星分析师席位排名—最佳表现维度（2015.05.01—2020.04.30）

证券公司名称	排名	明星分析师总量	证券公司分析师总量	证券公司研报总量
中国国际金融股份有限公司	1	41	322	3 562
兴业证券股份有限公司	2	33	302	3 557
国泰君安证券股份有限公司	3	27	634	3 932
广发证券股份有限公司	4	26	345	3 098
上海申银万国证券研究所有限公司	5	25	494	2 928
中信证券股份有限公司	6	22	290	2 788
招商证券股份有限公司	7	21	381	3 036
华泰证券股份有限公司	8	19	301	2 827
安信证券股份有限公司	9	18	260	3 258
平安证券股份有限公司	10	17	226	1 542
中泰证券股份有限公司	11	17	246	2 398
东北证券股份有限公司	12	17	299	2 783

① 2016.05.01—2017.04.30 期间、2017.05.01—2018.04.30 期间、2018.05.01—2019.04.30 期间及 2019.05.01—2020.04.30 期间每期 24 个行业，每期产生明星分析师席位 120 个；2015.05.01—2016.04.30 期间 23 个行业，产生明星分析师席位 115 个。

(续表)

证券公司名称	排名	明星分析师总量	证券公司分析师总量	证券公司研报总量
海通证券股份有限公司	13	17	388	4 277
中信建投证券股份有限公司	14	16	219	2 315
中银国际证券股份有限公司	15	15	151	1 159
东兴证券股份有限公司	16	13	148	1 782
方正证券股份有限公司	17	12	213	2 090
民生证券股份有限公司	18	12	316	1 983
国海证券股份有限公司	19	11	86	1 711
华创证券有限责任公司	20	11	171	2 028
国信证券股份有限公司	21	11	184	1 693
天风证券股份有限公司	22	11	274	2 781
群益证券(香港)有限公司	23	10	57	596
长江证券股份有限公司	24	10	266	2 073
西南证券股份有限公司	25	9	143	2 261
东吴证券股份有限公司	26	9	151	1 723
国金证券股份有限公司	27	9	174	1 679
华金证券股份有限公司	28	8	61	938
中国银河证券股份有限公司	29	8	127	896
光大证券股份有限公司	30	8	224	1 832
浙商证券股份有限公司	31	6	103	672
财富证券有限责任公司	32	5	53	791
国联证券股份有限公司	33	5	88	1 087
东方证券股份有限公司	34	5	149	1 045
太平洋证券股份有限公司	35	5	214	1 565
粤开证券股份有限公司	36	4	45	645
长城证券股份有限公司	37	4	173	1 036

(续表)

证券公司名称	排名	明星分析师总量	证券公司分析师总量	证券公司研报总量
辉立证券集团	38	3	20	109
万联证券股份有限公司	39	3	26	270
华鑫证券有限责任公司	40	3	32	344
北京高华证券有限责任公司	41	3	56	175
渤海证券股份有限公司	42	3	85	403
国元证券股份有限公司	43	3	97	450
信达证券股份有限公司	44	3	132	687
长城国瑞证券有限公司	45	2	27	201
华安证券股份有限公司	46	2	36	198
川财证券有限责任公司	47	2	40	289
中航证券有限公司	48	2	77	205
爱建证券有限责任公司	49	1	16	74
国开证券股份有限公司	50	1	17	55
华融证券股份有限公司	51	1	27	107
山西证券股份有限公司	52	1	54	257
上海证券有限责任公司	53	1	71	590
首创证券有限责任公司	54	0	15	53
世纪证券有限责任公司	55	0	15	61
开源证券股份有限公司	56	0	29	124
中原证券股份有限公司	57	0	39	379
广州广证恒生证券投资咨询有限公司	58	0	59	424

根据1.2节所述行业划分方法,2015.05.01—2020.04.30五个年度共产生明星分析师595名。由表5-4可以看出,在2015年5月1日至2020年4月30日期间内,从分析师最佳表现维度评选明星分析师并在此基础上对证券公司实力进行评价,排在前五名的证券公司分别是:中国国际金融股份有限公司(拥有明星分析师

累计41名,活动分析师累计322名,发布研报累计3 562份)、兴业证券股份有限公司(拥有明星分析师累计33名,活动分析师累计302名,发布研报累计3 557份)、国泰君安证券股份有限公司(拥有明星分析师累计27名,活动分析师累计634名,发布研报累计3 932份)、广发证券股份有限公司(拥有明星分析师累计26名,活动分析师累计345名,发布研报累计3 098份)和上海申银万国证券研究所有限公司(拥有明星分析师累计25名,活动分析师累计494名,发布研报累计2 928份)。

6 2020年度中国证券分析师与证券公司预测准确性评价总结

我们提出的中国证券分析师与证券公司预测准确性评价(Earnings Forecast Accuracy Rating for Chinese Security Analyst & Securities Firm,EFA Rating),通过可验证的关键指标预测能力对证券分析师及证券公司进行评价。通过这一评价体系,投资者可以了解分析师每股收益预测准确性在同行业证券分析师中的相对排名,证券公司预测能力的整体表现及拥有明星分析师的席位数量,并可以通过对比证券公司体量与其明星分析师数量的比值关系进一步观察证券公司的整体风格及明星分析师产出效率。

本书运用2015.05.01—2020.04.30期间内证券分析师发布的针对沪深A股上市公司的每股收益预测数据,利用我们设计的证券分析师及证券公司每股收益预测准确性排名的算法,分别计算出三年期及五年期不同时间跨度上证券分析师及证券公司的EFA Rating排名情况。在通过对不同期间证券分析师及证券公司的排名观察后,我们可以看到尽管资本市场证券分析师群体体量庞大,但证券分析师群体内人员流动性较大,在本书样本中,能够在行业内持续"存活"五年的证券分析师仅占统计期间期末存量的约五分之一;从对证券公司不同维度的排名中横向上可以观察到不同证券公司的风格差异,纵向上也可以观察到国内证券公司的发展情况和实力变化。

本书试图提供一种更加客观、透明、可验证的证券分析师评价方法,但受数据可得性、可比性等因素制约,我们的评价范围仅覆盖了对A股上市公司做出预测的公司研究、行业研究分析师,未将宏观经济、策略研究、金融工程等方向的分析师纳入评价范围;同时,在评价过程中未考虑分析师做出的投资建议及其他定性信息,存在一定局限性。但每股收益作为综合反映企业经营成果的关键财务指标,是投资者重点关注的关键指标;同时因其综合性较强,可以反映分析师对股票的整体判断,因而与本书未能覆盖到的评级及定性信息具有高度的一致性,因此我们认为采用每股收益预测作为判断分析师预测准确性的唯一指标可能存在部分信息损失,但整体上是客观、合理、可信的。对于评价方法中存在的不足,我们将在后继年度的中国证券分析师与证券公司预测准确性评价中不断改进完善。